淨零排放

能源政策的創新與挑戰

目次

序
能源再轉型，台灣向前行

馬英九　中華民國第 12 及 13 任總統、馬英九基金會董事長

長風基金會江董事長宜樺，各位貴賓，各位媒體朋友，大家好！

我在總統任內就關心能源，辦過 2 次大型的能源之旅，邀集政府首長與媒體 264 人，訪問全國能源機構。我卸任後，繼續關心能源，尤其看到台灣 6 年來發生 5 次大停電，缺電情況嚴重，令人憂心。

2016 年 3 月，我與剛當選的蔡英文總統在台北賓館會面。我提醒她，2025 年台灣綠能占比 20% 的主張，不可能達成；美國彭博新聞社也認為這是一個「遙不可及的遐想」。

但是蔡總統說，她的能源專家都是世界一流的，不會有問題。結果 2017 年 8 月，台灣就發生大停電，6 年來已經發生 5 次，證明民進黨政府能源政策錯誤，根本無法解決台灣缺電問題。3 年前，長風基金會跟馬英九基金會合辦「2019 民間能源會議」，並提出具體建議，然而蔡政府根本不理會這些建議。3 年後的今天，台灣的缺電依舊嚴重。民進黨政府的能源政策必須儘速改弦更張。因此今天辦理第二次能源會議，檢討政府今年 3 月公布的淨零排放能源路徑圖，能否達成目標，以及台灣如何不缺電。

首先我要談 2 個新的發展。第一是日本首相岸田文雄 7 月 14 日宣布，將在今年冬季重啟最多 9 座 11 年前關閉的核能機組，以穩定能源供應。加上已重啟的 10 座與政府批准重啟的 7 座，總共 26 座，已超過

當年關閉機組的一半；韓國新任總統尹錫悅，今年 6 月剛上任，就發表「核電復活宣言」，痛批前任總統文在寅錯誤的廢核政策，是「愚蠢的行為」。7 月 5 日韓國政府提出新能源政策方向，在 2030 年前將核能發電占比提高到 30% 以上，化石燃料進口依賴度從去年 81.8% 降至 60%。弔詭的是，目前跟我國同樣是獨立電網、缺乏自主能源但不缺電的日本與韓國，都決心大力發展核能，只有缺電的台灣反而堅持廢核，這代表什麼意義？

第二個新發展是歐盟正式確認核能也是綠能！工總理事長苗豐強說：令人振奮。顯示大家都知道，如果再不能有效減碳，人類就會走上滅亡之路，而減碳必須靠核能。

去年 3 月底，歐盟「聯合研究中心」就已經認定核能不排碳，是綠能的一種。8 月份，聯合國歐洲經濟委員會（UNECE）呼籲不用核能，2050 年就不可能達成碳中和。美國能源部長葛蘭紅也在去年 11 月 COP-26 中指出，核能是電網排碳的主要工具。英國《經濟學人》週刊則在去年 11 月刊出專文「核能安全而必要」；同月美國《時代》週刊也以專文強調「以核減碳」的必要性，不用核能就無法達成 2050 年碳中和的目標。

國際能源總署（IEA）則在今年 6 月底指出，全球要在 2050 年達到淨零排放目標，核能發電必須成長兩倍。就在十天前，歐盟在 7 月 6 日確定將核電納入「永續分類」的「綠色投資項目」，也就是說，歐盟 27 國正式認定核能為綠能。世界核能蓬勃發展的趨勢如此明確，台灣如果還繼續忽視這個世界大勢，一定會被淘汰。

2021 年「聯合國氣候大會」決議在 2050 年前達成「淨零排放」目標後，要求全球加快「減碳」腳步。然而行政院在今年 3 月推出的《台

灣 2050 淨零排放路徑》，卻仍堅持將排碳最少的核能排除在外。各界專家都質疑，如此要想在 2050 年達成淨零，簡直是天方夜譚！經濟部長王美花也坦承這是個挑戰。蔡政府在我國再生能源發展極為遲緩且昂貴的情形下還堅持廢核，完全無視於台灣的電網脆弱、能源短缺、供電不穩。最不可思議的是，蔡政府耗費上兆元新台幣發展綠能，目的是取代同樣是綠能的核電而非火力發電，更是先進國家絕不會犯的奇怪錯誤。這就是我國當前能源政策最荒謬的笑話。

蔡總統 11 年前主張非核家園時，確實有德國、瑞士、比利時主張廢核，但目前瑞、比二國已決定將廢核時間無限期延後；原先堅定反核的德國經濟兼氣候行動部長哈柏克（Robert Habeck）也在今年 2 月坦承正在考慮是否延長核電廠的使用年限，不再堅持今年底廢核。美國拜登政府，罕見地將協助歐、亞、非 6 個國家興建核電廠，包括波蘭、烏克蘭、羅馬尼亞、肯亞、巴西與印尼。同時，美國民主、共和兩黨在發展核能議題上意見完全一致。

事實上，俄烏戰爭凸顯能源可作為戰略武器，與國家安全密切相關，各國因此更加重視能源自主。據《路透社》報導，德國總理蕭茲，在 2 月下旬坦承俄烏危機讓德國全面檢討能源政策，必須顧及國家安全。德國的能源中，天然氣僅占 27%，且歐洲各國電網相連，德國電價雖貴到台灣的 5 倍（一度電新台幣 12 元），並不擔憂缺電，但也必須檢討能源政策。然而日本、韓國與我國，都是獨立電網國家，無法進口電力，必須擁有自主能源供應。我國將 50% 能源仰賴進口的液化天然氣，在基載電力不足下，這樣的作法會帶來嚴重的國安問題。

現在微小型反應器（Small Modular Reactor, SMR）以及核融合（nuclear fusion）技術的新發展，顯示核能有更多有利條件成為世界未來

的主要能源，台灣不能繼續死守在非核家園的觀念中，應該趁歐盟認定核能也是綠能的此刻，毅然改變僵化的能源政策。依據政府非核家園規劃，2025 年再生能源占比須達 20%，然而經濟部估計只有 15.27%。蔡總統非核家園的政策已經跳票了，2025 年要達成再生能源 20% 都做不到，更遑論 2050 要達成淨零排碳！

目前全世界核電機組共 440 座，法國總統馬克宏在今年 2 月宣布「核能復興」計畫，將新建 14 座機組，加上現有的 56 座，總數將達 70 座。現有 93 座機組的美國，將繼續讓現有核電廠延役，並投資興建微小型反應器（SMR）。現有 55 個機組的中國大陸，預計在 2030 年前投資 5,000 億美元新建 150 座機組，屆時大陸將擁有 200 多座機組，取代美國成為世界最大的核能國。本世紀末全球估計將有多達 700 多座機組，包括沙烏地阿拉伯與阿拉伯聯合大公國等產油大國的核能機組在內，核能將成為各國主要的能源。

各位女士先生，今天我的結論是：台灣能源問題的解決，並不缺技術、也不缺資金、更不缺人才，唯一缺的，就是一個頭腦清楚，熟悉世局，反應快速，知錯能改的政府！台灣要向前行，能源政策一定要再轉型。

謝謝大家！

序
急躁廢核，2025 必然缺電

江宜樺　前行政院院長、長風基金會董事長

三年前，長風文教基金會與馬英九基金會合辦第一次民間能源會議，以「以核養綠」以主題，探討台灣能源政策的新願景。當時 2018 年年底的公民投票落幕不久，「以核養綠」公投案獲得多數民意支持，逼使政府必須廢除《電業法》中硬性規定 2025 年之前停用核電的條文。雖然學者專家都呼籲政府要儘快檢討其能源政策，以防台灣出現「缺電、限電」危機，但蔡總統一意孤行，即使缺乏《電業法》的法律依據，仍悍然推動其建立於「2025 非核家園」前提上的「能源轉型政策」。

蔡政府所謂「能源轉型政策」，就是試圖透過「廢除核電、全力發展風電、太陽光電及天然氣發電」，在 2025 年完成「非核家園」的目標。如果以蔡總統上任後的第一個完整年度（2017 年）為基準，到目標年度（2025 年）為止，再生能源（風電及太陽光電）將從台灣全部電源配比的 4.6% 躍升到 20%，天然氣發電將從 33.9% 提高到 50%，燃煤發電將從 47.4% 降低為 30%，而核能發電則從 8 ～ 12% 左右，逐年下降而終歸於零退場。

然而，截至目前為止，「能源轉型政策」的執行率卻嚴重落後。到去年（2021）年底為止，再生能源仍只占全部電力的 6%，天然氣仍然只占 37%，而燃煤依然高達 44%，核電則維持 9% 左右。換言之，從 2016 年

蔡總統上任到目標年 2025 年，姑且以 9 年時間計算，前面 5 年再生能源只增加了 2%，後面 4 年必須增加 14%，才能達到目標的 20%，但這是完全不可能的！同樣地，過去 5 年來，天然氣發電只增加了 3%，後面 4 年必須暴增 13%，才能達成目標的 50%，但這也是完全不可能的！而燃煤發電在過去 5 年只減少了 3%，卻必須在未來 4 年再減少 14%，更是完全不可能的事情！

我們要沉痛地指出：不必等到 2025 年，大家就知道蔡總統的「能源轉型政策」已經注定失敗，因為空有美夢，但執行進度慘不忍睹。尤其是目前仍然穩定發電、占全部電力 9% 的核能發電，當核電廠機組逐一停用除役之後，2025 年百分之百會出現「缺點、限電」的結果。到了那個時候，台灣面臨的挑戰不是電價漲幅多大的問題，也不是台電公司、中油公司會不會倒閉的問題，而是簡單兩個字：「缺電」！

由於「非核家園」政策目標的錯誤，台灣的電力供應已經面臨嚴峻考驗。但是讓這個「必然缺電」前景更複雜的是，我們現在還增加了「淨零排放」（Net Zero Emissions）的挑戰。2021 年 11 月，聯合國氣候大會在英國的格拉斯哥（Glasgow）召開第 26 屆年會（Conference of Parties, COP26）。有鑑於氣候變遷的危機越來越明顯，與會國家乃一致通過決議，宣佈要在 2050 年之前，達到全球「淨零排放」的目標。

《格拉斯哥氣候公約》的重點如下：

（1）重申《巴黎協定》的降溫目標，以工業革命前的平均值為準，努力將全球平均氣溫上升的幅度控制在 2℃ 之內，長期而言最好是控制升幅在 1.5℃ 之內。

（2）以 2010 年平均值為準，必須在 2030 年前將全球二氧化碳排放量減少 45%。

（3）2050 年左右達到淨零排放，意即全球溫室氣體的總排放與總吸收量相平衡之後，其淨值為零。

「淨零排放」是一個極為崇高的理想，也是一個極為艱難的挑戰，因為這牽涉到人類如何因應「氣候變遷」、如何共同維護一個適合生存的環境，但也必須認真改變我們既有的生活習慣。在格拉斯哥會議之後，世界各國紛紛擬定如何達成「淨零排放」的策略與路徑圖，雖然目標年度參差不齊、手段各有差異，但都展現了一定的決心。從目前出爐的各國政策來看，大部分呼應 COP26 的宣言，以 2050 年為達成淨零的目標年，而手段則包括增加再生能源、增加核能、推廣電動車、實施碳交易、碳捕捉、碳關稅等措施。

由於台灣不能自外於國際社會，因此行政院也在今年 3 月底提出我國的「淨零排放路徑圖」，宣示將從「電力部門」及「非電力部門」雙管齊下，在 2050 年達成我國的淨零排放目標。簡單地講，「電力部門」將進一步強化再生能源的比重、減少火力發電的占比，而「非電力部門」則從住宅、商業、運輸等方面著手，希望最終達成「零碳排放」的目標。

就大家所關心的能源政策而言，在政府的「2050 淨零排放路徑圖」中，再生能源將從「能源轉型政策」的全國電力占比 20%，進一步提高到 60 ～ 70%；搭配碳捕捉技術的火力發電，將進一步減少到只占 20 ～ 27%；抽蓄水力維持 1%；剩下的則是加快研究氫氣發電，希望能負擔全國電力的 9 ～ 12%。

然而，這個「淨零排放路徑圖」公布後，社會各界一片愕然，都認為是天方夜譚，因為目前再生能源只有 6%，要變成 65% 左右，等於是必須增加 10 倍以上，然而我們可用來增置太陽光電的土地在哪裏？可用來增設風力發電的海岸及海域又在哪裏？而目前政府拼命開發天然氣

接受站及發電廠，使火力發電占比高達 80%（如果幾年後核電除役，火力發電甚至可能高達 90%），如何在 2050 年降為 25% 左右？至於氫氣發電，現在完全沒有蹤影，如何能在幾年後超越其他起步更早的國家，而設定一個比他們都還要高的發電能量及占比呢？

行政院「2050 淨零排放路徑圖」宣示的願景極為漂亮，包括：新建築物 100% 為零碳建築、智慧電錶及變電所設置率 100%、所有產業全面汰換設備為零碳設備、電動車及電動機車市售比也是 100%。但是對於如何達成這個「一切都 100% 零碳」的美麗新世界，卻沒有任何具體的策略及作法，也沒有像其他國家一樣的每 5 年計劃書，彷彿只要講完理想目標，事情就已經做完了。

值得注意的是：在「淨零排放」的大方向下，世界各國深知目前光電及風電能量仍然有限，光靠發展再生能源並無法達標，因此紛紛借重核能發電，有的恢復核電廠運作，有的增建核電廠以提高核電占比，如日本、韓國、法國、英國、芬蘭等等。另外，歐洲議會也在不久之前（2022 年 7 月 6 日），通過歐盟的提議，將核能列為「綠能」，可作為「永續能源投資項目」。這個決定極為關鍵，不僅正式承認「核能」確實有助於「減碳」，同時也使各國可以透過發展核能為手段以達成「淨零排放」的目標。

在全球「反核運動」日漸邊緣化、「淨零排放」成為環境生態的首要議題之際，惟獨台灣的蔡英文政府反其道而行，固執地堅持「2025 非核家園」的反核意識形態，提出一個「廢除核電的淨零碳排路徑圖」。在這種「意識形態掛帥」的決策思維下，可以預期政府的「2025 能源轉型政策」與「2050 淨零排放路徑圖」都必然失敗收場，因為台灣既無法達成

再生能源大幅增長的目標，也必須燃燒更多的煤炭來補足廢核之後的電力缺口（大約 660 萬瓩）。

就民眾的角度來看，我們幾年後必須承受的後果是：（1）缺電、限電、跳電，日常生活及產業活動都深受影響；（2）大量燒煤，空污嚴重，呼吸系統疾病及死亡劇增；（3）由於綠能不足，出口貿易遭受歐盟國家「碳邊境調整機制」（Carbon Border Adjustment Mechanism, CBAM）的懲罰，使經濟成長及就業機會減少。

以上兩個議題（「淨零排放」與「能源政策」）是息息相關的，如果能夠從科學、民生的角度來分析並做成決策，我們就有機會完成台灣真正需要的「能源轉型」，並對控制溫室氣體做出重要貢獻。但是如果先入為主地堅持某種政治立場，不願面對事實真相也不願進行理性辯論，那就會讓公共政策被「意識形態」所綁架，而走入無解的死胡同。過去多年來，蔡政府不顧現實情況、漠視世界潮流，堅持要在 2025 年之前完全廢除核電，不願意考慮讓核電在再生能源尚未成熟佈建之前扮演「以核養綠」的角色，更不願接受「核電」最後也晉身「綠電」、從而「核綠共生，取代火力」的發展，這是台灣能源轉型政策最致命的錯誤。

「錯誤的政策比貪污還嚴重」，台灣的「2025 非核家園」政策就是一個典型的例子。它在願景訴求上相當動人，卻是欠缺現實基礎、無法達成「穩定供電、減少空污」目標的口號而已。本次研討會，正是有鑑於「追求淨零排放」的世界趨勢、以及「穩定電力供應」的重要性而召開，因此我們分成兩個場次，邀請了多位傑出的學者專家與會，希望從「觀念釐清」、「問題分析」到「政策檢討」，創造一個不同於政府意識形態宣傳的思考空間。相信會後所出版的專書論文，對於台灣社會瞭解「淨零碳排」及「能源政策」兩個議題，都能有實質幫助。

淨零排放 ——
只公布了路徑圖，就可以達成淨零排放了嗎？

◎ 杜紫軍　前行政院副院長、電機電子工業同業公會會策顧問

壹、各國何時開始主張 2050 淨零排放？

一、巴黎協定（Paris Agreement）

　　2015 年 12 月聯合國第 21 屆氣候峰會通過巴黎協定，取代了先前的京都議定書，期望能共同遏阻全球暖化趨勢。該協定目標是控制全球平均氣溫升幅，幅度只能比工業革命前的水準多 2°C 以內，並以 1.5°C 之內為努力的目標，同時期望在 2050 年溫室氣體排放和自然吸收之間達到平衡，讓地球新增溫室氣體排放總量為零，這就是全球淨零排放觀念的濫觴。巴黎協定雖然定了明確目標，並針對再生能源進行投資，同時將世界多數開發中國家和地區納入，但這項協定並無強制約束力，係由各國自主訂定目標及推動措施，只透過每 5 年檢視減碳成績，因此難以有效達成原訂目標。

二、歐盟綠色新政（European Green Deal）

　　2019 年 12 月歐盟執委會正式發布歐洲綠色新政，揭示了 2050 年達到歐盟溫室氣體淨零排放的首要目標，並將原訂 2030 年的排放目標，由原減少 40% 更積極提高到 50 ～ 55%，同時將經濟發展與地球永續融為一體，使得氣候政策成為新的經濟成長策略。其中特別值得注意的是，歐盟將動員歐盟對外關係來支持綠色新政，對不與歐盟同步推動減少溫室氣體排放的國家，將課徵碳關稅的相關規定。

三、美國民主黨綠色新政（Green New Deal）

　　2019 年民主黨籍紐約州眾議員歐凱秀柯提茲與麻州參議員馬凱提出

綠色新政決議案，包括十年國家動員計畫，由政府推動全面經濟轉型。綠色新政共包含五項目標，首要目標就是推動溫室氣體淨零排放。該項決議並未獲得當時執政共和黨的支持與重視，但自 2021 年民主黨拜登就任總統，重返巴黎協定之後，該項決議案又成為美國研擬相關政策的重要依據。

四、發電棄煤聯盟（Powering Past Coal Alliance）

2017 年 11 月聯合國第 23 屆氣候峰會中，由英國、加拿大、丹麥、芬蘭、義大利、法國、荷蘭、葡萄牙、比利時、瑞士、紐西蘭、衣索匹亞、智利、墨西哥和馬紹爾群島等 15 國發起成立發電棄煤聯盟，目標是共同合作在 2030 年之前，推動分階段淘汰燃煤發電。截至 2022 年 6 月，共有 166 個會員加入發電棄煤聯盟，包括 48 個國家，48 個地方政府和 70 個國際企業或組織。

該聯盟希望推動降低對全球暖化及氣候變遷的影響，並體認擺脫燃煤發電對空氣清潔、社區健康、經濟永續成長及氣候安全至為重要。因此為實現對全球氣候變遷的承諾，必須將全球氣溫升幅控制在 2°C 以下，並努力達成在 1.5°C 以內。會員認為要支持過渡到潔淨能源，歐盟和 OECD 國家必須在 2030 年前逐步淘汰燃煤發電，其他地區則須在 2050 年前逐步淘汰，才能降低對全球暖化及氣候變遷的影響。

五、格拉斯哥氣候協定（Glasgow Climate Pact）

2021 年 11 月聯合國第 26 屆氣候峰會達成了格拉斯哥氣候協定，全球 146 國宣示將淨零排放，絕大部分以 2050 年為目標。同時有 105 國承諾未來十年內要減少 30% 甲烷排放量，以減緩氣候危機。

該協定的重要內涵，除希望至本世紀末全球的氣溫增幅與工業化前氣溫相比，應控制在攝氏 1.5°C 之內及 2050 年實現淨零排放之外，還包括逐步減少未經廢氣排放處理的燃煤發電量、逐步淘汰化石燃料補貼、已開發國家在 2025 年之前將共同籌資增加 1 倍，幫助發展中國家適應氣候變遷及能源轉型、研擬巴黎協定遲未決定的碳市場規則，以便各國可以在全球市場上交易碳排放額度，同時決定在 2022 年底將審視是否能達成 2030 年碳排減少 45% 的階段性目標等。

貳、各國 2050 重要淨零排放路徑

一、國際能源署

國際能源署（International Energy Agency, IEA）評估全球 2050 年淨零碳排路徑，現在占全球總能源供應 80% 的化石能源，大部分將用再生能源及核能所取代，僅剩下 20% 占比。主張再生能源及核能是減碳的兩隻手臂，如果失去核能等於自斷一臂，減碳目標可能會失敗。該署認為，核能是全球新清潔能源經濟的引擎，主張以低碳清潔能源（包括再生能源及核能）來取代化石能源，並估計如要順利達成 2050 淨零排放，全球必須增加 1 倍的核能電廠，而成本最低的方法就是讓現有的核電廠延役。

二、歐盟

歐盟主張 2030 年燃煤發電先歸零，至 2050 年發電再生能源占 80%，其餘用核能及碳捕捉與利用（CCUS）達成淨零排放。為面對達成

淨零排放的務實思考，歐盟執委會並已於 2022 年 7 月表決通過，將核能及低碳天然氣列入永續能源，成為歐盟 2050 淨零排放解決方案之一。

三、美國

美國在格拉斯哥會議之前，即已提出淨零排放路徑，希望電力部門在 2035 年前達到使用 100% 清潔能源（含核能但不含天然氣），2050 年前完全淨零排放。交通部門全面採取電動化或使用清潔能源，住宅部門則採用改善建築物能源使效率策略，並減少非 CO_2 溫室氣體排放。

四、英國

英國也在格拉斯哥會議之前提出淨零排放政策，希望在 2030 年之前禁售燃油車、2035 年前擺脫化石能源發電。在低碳電力方面，則將大量擴充離岸風電，轉化為綠色氫能來取代天然氣發電；同時增建大型核電廠及發展小型模組式核反應器（Small Modular Reactor, SMR），以提供低碳的核能電力。

五、日本

日本岸田首相 2020 年上任時即表示，如不使用核能日本將無法達成 2050 年淨零排放的目標。未來將採用清潔能源策略，將再生能源、氫能、碳回收及核能等多種工具組合使用。在安全前提下重啟現有的大型核電廠，未來則將研發使用小型模組式核反應器。

六、韓國

2022 年尹錫悅當選韓國總統，立即否決了前任總統所提出的非核的能源政策，重啟續建 2 座已封存的核電廠，並研究新建小型模組式核反應器。尹錫悅更積極主張，韓國要爭取 10 座海外大型核電廠訂單，並將小型模組式核反應器作為未來出口主力產品之一，創造更多新的工作機會。

參、我國 2050 淨零排放路徑

一、仍然堅持 2025 非核家園政策

因為 2025 淨零排放問題影響地球溫室效應極為嚴重，過去主張減核的國家，例如比利時、瑞士、芬蘭、德國等均已經調整或考慮調整原來的作法。只有台灣執政黨仍然堅持 2025 非核家園政策，完全漠視國際能源署早已指出，發展再生能源的目的主要是要取代高排碳的燃煤，而不是原本就不排碳的核能；因為以零排碳再生能源取代零排碳核能，根本沒有任何的減碳效果。

目前台灣除原訂 2025 年再生能源 20% 的目標已確定跳票之外，天然氣發電 50% 目標也將因接收站工程進度落後，達成機率微乎其微。預估在 2023 ～ 2025 年間，因核二廠二號及核三廠一、二號陸續除役，將造成台灣嚴重缺電。

二、2050 淨零排放路徑缺乏可行性

國發會在今年 3 月底公布了 2050 淨零排放路徑，除規劃產業、交

通及住宅部分均需減少約 90% 排碳之外，電力部門的目標則為再生能源 60 ～ 70%、氫能 9 ～ 12%、火力 +CCUS 21 ～ 27%、抽蓄 1%，但對達成的策略及配套措施、各階段的目標，均語焉不詳缺乏具體規劃，難以令人相信屆時有達成的可能性。

由過去推動 2025 非核家園的真實案例來看，早有許多學者專家從技術及實務角度分析不可行，並公開提醒政府必須及時調整能源政策。例如 2018 年長風基金會即依據專家就建置進度年年落後及可裝置能量不足等因素研究的結果，提出 2025 年再生能源發電占比至多僅能 15%，不足部分必須靠現有核電廠延役作為過渡的呼籲，可是當時主管機關毫不理會，仍信誓旦旦保證可以達標，直至 2022 年終於承認 2025 年再生能源只能達成 15.1%，至於再生能源供電不足所造成的缺口要如何補救？也公開承認必須靠燃煤發電來替代。經濟部同時公布 2021 年電力排碳係數為 0.509kgCO$_2$e ／度，較 2020 年 0.502kgCO$_2$e ／度增加，顯示因為核能發電減少，燃煤、燃氣發電及用電量大幅增加，造成發電部門排碳不減反增，將讓台灣距離 2050 淨零排放的目標越來越遙遠。

三、亟需建立配套法規及推動機制

國發會所公布的 2050 淨零排放路徑只是一個理想目標，如果希望這個目標要可行，就必須要提出相關配套法規及推動機制，同時訂定各階段的目標及管考制度。

政府應儘速對於各部門及各產業擬定容許排碳的分配量、容許排碳量的收費標準、罰則及碳交易制度等，同時對於如何儘速提供足夠資源，協助企業界特別是一百多萬家的中小企業，進行減碳人才培訓、碳盤查及節能減碳技術改善等工作，實刻不容緩。

政府絕對不能只把目標放在 2050 年，事實上大部分國家都已訂出 2030 年的目標作為檢核點，我們甚至要超前思考因為歐盟已決定在 2026 年甚至提前擴大實施碳邊境調整機制，屆時台灣出口到歐盟的產品，因為生產時所使用的電力排碳係數過高，極可能遭到必須負擔額外的高額碳費，將會大大減少台灣產品的國際競爭力。

肆、結論

台灣身為國際社會的一員，又是以出口為導向的國家，自難不遵守國際規範。目前除中國大陸及印度之外，2050 年要達成淨零排放已成為國際共識，政府應該參考國際上 IEA、歐盟、美英及日韓等國，因為淨零排放趨勢而調整能源政策進行作法，務實檢討台灣過去的非核家園政策，規劃未來務實的低碳能源結構，避免因缺電及高碳排影響產業發展及出口、電價大漲傷害民生，以及根本無法達成淨零排放的永續願景。

揭開達淨零碳排競賽的面紗 ——
不同能源結構與 GHGs 排放量關係

◎ 吳珮瑛　國立台灣大學農業經濟學系教授

一、前言

2015 年底於巴黎舉行的第 21 屆「聯合國氣候變遷綱要公約」（United Nations Framework Convention on Climate Change, UNFCCC）氣候峰會（COP21）提出巴黎協議（Paris Agreement），巴黎協議要求各締約國、以自願方式訂定往後 20 年國內的溫室氣體排放（greenhouse gases emissions, GHGs）減量目標，稱為「國家自主貢獻」（nationally determined contributions, NDCs），各締約國需定期評估各自設定長期目標之集體進展、稱為全球盤點（global stocktake）。第一次全球盤點由 2021 年 UNFCCC 英國格拉斯哥（Glasgow）之 COP26 會議後開始至 2023 年 11 月底結束，往後每 5 年盤點一次（UNFCCC, 2022）。各國得經由減量或調適行動使所有人為 GHGs 達淨零（net zero），以使全球溫度至本世紀中上升不超過 1.5°C 或 2°C（United Nations, 2015）。

而各國在巴黎協議下，確實應減多少 GHGs，「聯合國政府間氣候變化專門委員會」（Intergovernmental Panel on Climate Change, IPCC）於 2019 年出了一特別報告做為各國減量的指引（IPCC, 2019），IPCC 接續又於 2021 年評估至淨零年時、全球尚可排放的人為二氧化碳（CO_2）總量，然報告中並未針對各國應減少的量所有規範，於是每隔一段時間即可看到各國競相呈現更積極、更具野心的 GHGs 或 CO_2 減量目標。至於每一個國家在中程及目標年需減少多少排放量，IPCC 設定不同準則供各國擬定排放減量參閱（IPCC, 2021），雖然不同準則各有優缺點，但依據 IPCC 不同的減量準則計算而得之水準，引起的爭議會相對少，又各國在各自條件之周全考量後，清楚傳達擬定目標之緣由與立場，國際上基本上都尊重各國主權下的決定。

　　自 2015 年的巴黎協議至 2021 年 IPCC 設定各種達淨零的減量準則，即陸續有國家或區域的淨零目標已呈送至 UNFCCC 正式入法，這些國家涵蓋歐盟、8 個歐盟成員國及一個非歐盟歐洲國家、一個北美洲國家、兩個亞洲國家及一個大洋洲國家，共 13 個個別國家及一個區域，而除了歐盟的淨零目標年為 2040 年、瑞典、德國、英國為 2045 年外，其他國家的淨零目標年均設在 2050 年。淨零目標年除了已正式入法的 14 個國家／區域外，其他尚有 33 個國家的淨零目標列在國內政策文件中，又已提出宣言的有 19 國，此外，有 57 國仍在討論階段（Energy & Climate Intelligence Unit, 2022）。

　　本文將檢視已入法的 14 個國家／區域，自 1990 年至今總能源供給的結構比較，達淨零目標之中程階段性減量目標的可及性；又影響淨零目標達成與否、除了碳捕捉及儲存技術之使用外，更重要的是不同類型能源使用下之 GHGs 排放量的多寡。因而，本文進而探討自 1990 年至最新 2020 年，淨零已入法的 14 國／區域之總能源供給中、來自煤、石油及天然氣的化石能源占總能源比，與來自核能、各式再生能源、生質能及廢棄物所構成之廣義潔淨能源占總能源比與 GHGs 總排放量的關係。針對此 14 國／區域之能源結構與 GHGs 總排放量的探索，檢視台灣擬定淨零目標之可及性。

二、淨零已入法國家之階段性減量目標

　　最新資料顯示淨零目標已正式入法的主要為歐盟國家，依入法的先後順序分別為瑞典（2018）、丹麥（2018）、葡萄牙（2018）、法國（2019）、匈牙利（2020）、西班牙（2020）、德國（2021）、愛爾蘭

（2021）、歐盟（2021）；另非歐盟的歐洲國家為英國（2019），而歐洲之外的其他國家為紐西蘭（2019）、日本（2021）、南韓（2021）及加拿大（2021）等共 14 國／區域。這些國家所設定的淨零目標年主要為 2050年，而各國／區域的淨零法案目標，部分由現有的相關法案修正而來，有些是特別針對淨零目標新設的法案，各國／區域的淨零法案如表 1 所列。又各國不論所設定的淨零年為何，達淨零目標前均設有階段性的減量目標，第一個階段性減量目標年均設定於 2030 年，後續的階段性減量部分國家／區域則以 5 年為一個階段性目標，然有些國家／區域則由 2030 年一躍而至終極的淨零目標年，或是尚未在法中有明確的中程階段年與減量目標，由此可見，對於是否要設中程或階段性減量目標之見解各不相同（Danish Council on Climate Change, 2019; Government of Canada, 2021; Karlsson, 2021）。

對淨零已入法的大部分國家，2050 既是碳排放長期確定要前進的方向，何以需擬定中程或階段性的減量目標？如此作法是可以確認有無朝既定方向前進的具體管理模式，亦即沒有中程之階段性減量目標，則無法確知那些工作該做及各項工作該進行至何程度、該投入多少努力，又有中程的階段性減量目標，方可逐步規劃能源轉型的方向與速度，又方可確知 GHGs 排放是否以成本有效性（cost effectiveness）達到預估的排放減量。又將中程階段性減量及達成年寫入相關法案中，一則除可明確且透明地呈現努力目標外；進而，寫入法案亦是公開宣示減量目標的穩定性及可預測的作為；又不可少的是，每年需進行成效評估，以確保社會整體逐步緩和轉型至淨零方向（Kaufman, 2020; Rogelj et al., 2021）；反之，十年的中長程目標未必需要入法，以保留氣候條件及相關技術發展進展可能改變的緩衝（Danish Council on Climate Change, 2019）。

　　目前已入法的 14 個國家／區域所訂出中程階段性減量目標，諸多是選擇以 1990 年或 2005 年為基準年，至特定中程階段年比 1990 或 2005 之排放低某個百分比，以此兩年為基準主要是 1990 年為簽署京都議定書（Kyoto Protocol）的減量基準年、同時也是 UNFCCC 於 2015 年巴黎協議所訂的基準排放年（base-year-emissions）；而 2005 年則是京都議定書的正式生效年，這些基準排放量是包括「土地使用、土地使用改變與森林」（land use, land-use change and forest, LULUCF）相關之碳排放（United Nations Framework Convention on Climate Change, 2008）。而已入法的 14 國／區域開始年的 1990 年至資料最新的 2020 年（除歐盟為 2019 年外），化石能源占總能源比及潔淨能源占總能源比亦列於表 1 最右一欄，而各年度兩大類能源占比詳列於附表 1。

表 1　達淨零碳排放已入法國家之淨零法案名稱、各階段 GHGs 減量目標與 1990 及資料最新年化石能源及潔淨能源各占總能源比

國家／區域	入法年份[1]	淨零目標年[1]	法案名稱[1]	各階段減量目標[1]	1990 與最新年之化石能源及潔淨能源各占總能源比（化石能源 %；潔淨能源 %）[2]
瑞典	2018	2045	Climate Act	2030 比 1990 低 63%、2040 比 1990 低 75%、2045 比 1990 低 85%、所餘 15% 則為在瑞典或世界其他國家經計畫投資去除	1990（37.67；62.33）、2020（27.02；72.98）
丹麥[3]	2018	2050	Climate Act	2030 減至比 1990 低 70%	1990（92.84；7.16）、2020（56.50；43.50）

國家／區域	入法年份[1]	淨零目標年[1]	法案名稱[1]	各階段減量目標[1]	1990 與最新年之化石能源及潔淨能源各占總能源比（化石能源 %；潔淨能源 %）[2]
葡萄牙	2018	2050	Roadmap for Carbon Neutrality 2050（RCN2050）：Long-Term Strategy for Carbon Neutrality of the Portuguese Economy in 2050	2030 減至比 2005 低 45%～55%、2040 減至比 2005 低 65%～75%、2050 減至比 2005 低 85%～90%	1990（80.46；19.54）、2020（70.65；29.35）
法國	2019	2050	Energy and Climate Law（Code de l'énergie, art.）	2030 減至比 1990 低 40%	1990（57.14；42.86）、2020（46.04；53.96）
匈牙利	2020	2050	Law on Climate Policy: On the Declaration of a Climate Emergency, on Climate Protection	2030 減至比 1990 低 40%	1990（84.41；15.59）、2020（70.44；29.56）
西班牙	2020	2050	Climate Change and Energy Transition Law	2030 減至比 1990 低 23%	1990（77.34；22.66）、2020（68.43；31.57）
德國	2021	2045	Climate Change Act（Bundes-Klimaschutzgesetz）	2030 減至比 1990 低 65%、2040 減至比 1990 少 88%、2045 達淨零	1990（86.86；13.14）、2020（76.19；23.81）
愛爾蘭	2021	2050	Climate Action and Low Carbon Development（Amendment）Act	2030 減至比 1990 少 45%	1990（98.32；1.68）、2020（85.76；14.24）
歐盟	2021	2040	European Climate Law	2030 減至比 1990 低 55%	1990（81.55；18.45）、2019（68.11；31.89）
英國	2019	2050	Climate Change Act 2008（2050 Target Amendment）	2030 減至比 1990 低 68%、2035 減至比 1990 低 78%	1990（91.11；8.89）、2020（76.42；23.58）

國家／區域	入法年份[1]	淨零目標年[1]	法案名稱[1]	各階段減量目標[1]	1990 與最新年之化石能源及潔淨能源各占總能源比（化石能源 %；潔淨能源 %）[2]
紐西蘭[4,5]	2019	2050	Climate Change Response（Zero Carbon）Amendment Act	2030 減至比 2017 少 10%、2050 減至比 2017 少 24%～47%	1990（66.66；33.34）、2020（59.76；40.24）
日本[4]	2021	2050	Amendment of Act on Promotion of Global Warming Countermeasures	2030 減至比 2013 低 43%、2050 將所餘減掉	1990（84.62；15.38）、2020（89.23；10.77）
南韓[4]	2021	2050	Framework Act on Carbon Neutral and Green Growth to Respond to Climate Crisis	2030 減至比 2018 少 40%	1990（83.78；16.22）、2020（81.31；18.68）
加拿大[4]	2021	2050	Canadian Net-Zero Emissions Accountability Act	2030 減至比 2005 低 40%～45%、2035、2040、2045 水準需於 2034、2039、2044 各年之 12 月 1 日提出減量目標	1990（73.60；26.40）、2020（74.20；25.80）

資料來源：1. 各國入法年、淨零目標年及法案名稱主要彙整自 Law Library of Congress and Global Legal Research Directorate（2021）；而歐洲國家亦來自 Association of Accredited Public Policy Advocates to the European Union（2021）。

2. 能源供給資料計算自 International Energy Agency（2022a），其中歐盟總能源供給最新資料為 2019 年，其他各國最新資料為 2020 年。

3. 資料來自 Ministry of Climate, Energy and Utilities, Government of Denmark（2020）。

4. 紐西蘭、日本、南韓及加拿大資料分別來自 Parliamentary Counsel Office, New Zealand Legislation, New Zealand Government Ministry of Economy, Trade and Industry, Government of Japan（2021）、Climate Action Tracker（2022）、Government of Canada（2021）。

5. 紐西蘭淨零減少的 GHGs 不包括來自羊及牛所排的生物性甲烷，甲烷約占總紐西蘭 GHGs 排放量的 24%～47%（Darby & Gerretsen, 2019）。

三、淨零已正式入法 14 個國家／區域的總能源供給結構

對於 GHGs 或是 CO_2 的排放，人們的焦點經常放在經濟富裕的國家，如大部分歐洲、美、澳、紐、加、英等五眼聯盟國家或是大經濟體且正在發展中的國家，如中國、印度或是俄羅斯等國。正在發展中的國家，從不避諱且宣稱就是經濟還在發展中，因此 GHGs 或是 CO_2 排放尚處於上升階段，因此可依巴黎協議因應國家經濟發展，需要更長時間方可確定 GHGs 排放達頂峰，才可務實的確認減量的路徑及期程。因而，中國達淨零目標目前已在國內有政策文件然尚未遞交至 UNFCCC，因此不屬於淨零已正式入法國家之行列；至於印度及俄羅斯則是國內尚未有政策文件，僅在宣言及保證階段，這 3 個針對淨零目標目前處於不同階段的國家，將淨零年都設於相對保守的 2060 年（Energy and Climate Intelligence Unit, 2022）。

至於目前淨零已入法的 13 個個別國家及歐盟組織等 14 個單位，這些國家／區域何以如此有把握，此後的 GHGs 或是 CO_2 排放可依循當前所設定的減量路徑前進？GHGs 及 CO_2 排放多寡與一國的能源結構有相當程度的關係。因此，首先可以檢視這些國家／區域總能源供給之結構，此 14 個國家／區域及所屬的洲別最新 2019 ／ 2020 年之能源結構如表 2 所示，由表中可觀察屬於歐盟的 8 個單一國家相對於歐盟、進而相對於所在的歐洲大陸能源結構的差異；相同的，淨零已入法的 13 個個別國家中的唯一美洲國家為加拿大，亦可與所屬的北美洲比較，而日本、南韓及紐西蘭在世界能源總署（International Energy Agency, IEA）中、則合併於亞洲大洋洲國家，因此，這些國家能源結構亦可與亞洲大洋洲整

體的結構比較。整體亞洲大洋洲的能源以煤為大宗，占了所有能源供給來源近一半的比例，此結果進一步呈現於圖 1 中，由各色條之長度可直接目視各國／區域提供該國／區域總能源來自不同能源類別的差異。台灣尚未擬定淨零目標、更未入法，然一併呈現所有對應的數值，一則能與目前淨零已入法國家進行比較，再者，可以由台灣過去至今的表現，對照已入法國家／區域一路以來的表現，推論台灣達淨零的可能性。

表 2　台灣、世界各主要洲別及淨零碳排已入法 14 國家／區域最新 2020/2019 能源總供給來源別之總量及比例 [a]

國家／區域	煤	天然氣	核能	水力	太陽能、風力、地熱	生質能、廢棄物	石油	總量 [b]萬億焦耳（％）
瑞典	65,975（3.33）	52,459（2.65）	533,629（26.96）	258,318（13.05）	124,885（6.31）	527,618（26.66）	416,421（21.04）	1,979,305（100.00）
丹麥	30,008（4.84）	86,828（14.01）	——	58（0.01）	66,424（10.72）	203,086（32.77）	233,361（37.65）	619,765（100.00）
葡萄牙	23,935（2.86）	216,612（25.88）	——	44,779（5.35）	62,763（7.50）	138,101（16.50）	350,840（41.91）	837,030（100.00）
法國	227,643（2.45）	1,463,842（15.77）	3,859,995（41.59）	223,882（2.41）	224,483（2.42）	698,887（7.53）	2,581,744（27.82）	9,280,476（100.00）
匈牙利	68,627（6.53）	366,421（34.89）	175,649（16.72）	878（0.08）	21,585（2.06）	112,353（10.70）	304,756（29.02）	1,050,269（100.00）
西班牙	115,858（2.55）	1,168,586（25.73）	635,771（14.00）	109,429（2.41）	356,318（7.85）	332,497（7.32）	1,823,408（40.15）	4,541,867（100.00）
德國	1,811,452（15.53）	3,118,859（26.75）	702,349（6.02）	65,963（0.57）	699,807（6.00）	13,07,933（11.22）	3,954,458（33.91）	11,660,821（100.00）
愛爾蘭	34,625（6.34）	190,695（34.92）	——	3,358（0.61）	42,398（7.76）	31,958（5.85）	243,010（44.50）	546,044（100.00）
歐盟 [b]	6,006,432（10.99）	13,643,884（24.97）	7,453,407（13.64）	1,243,773（2.28）	2,436,418（4.46）	6,288,694（11.51）	17,567,040（32.15）	54,639,648（100.00）
英國	218,752（3.37）	2,671,347（41.18）	548,491（8.46）	23,324（0.36）	320,588（4.94）	637,211（9.82）	2,067,177（31.87）	6,486,890（100.00）

國家／區域	煤	天然氣	核能	水力	太陽能、風力、地熱	生質能、廢棄物	石油	總量[b]萬億焦耳（％）
歐洲[c]	11,293,304（13.85）	20,932,232（25.66）	10,166,636（12.47）	2,241,261（2.75）	3,379,812（4.14）	7,645,042（9.37）	25,901,281（31.76）	81,666,597（100.00）
加拿大	441,733（3.61）	4,702,400（38.40）	1,071,393（8.75）	1,384,682（11.31）	147,150（1.20）	556,286（4.54）	3,942,190（32.19）	12,245,834（100.00）
北美洲[c,d]	12,583,673（11.12）	38,847,154（34.34）	10,426,004（9.22）	2,495,324（2.21）	2,281,641（2.02）	5,481,528（4.85）	41,040,300（36.28）	113,129,673（100.00）
日本	4,684,391（28.03）	4,054,011（24.26）	422,746（2.53）	290,108（1.74）	429,259（2.57）	657,412（3.93）	6,173,407（36.94）	16,711,334（100.00）
南韓	3,175,018（27.49）	2,069,767（17.92）	1,747,459（15.13）	13,958（0.12）	103,316（0.89）	293,838（2.54）	4,146,620（35.90）	11,549,976（100.00）
紐西蘭	68,937（8.28）	162,467（19.51）	——	87,233（10.47）	205,922（24.72）	42,067（5.05）	266,321（31.97）	832,947（100.00）
台灣[c]	1,635,059（35.66）	827,723（18.05）	352,619（7.69）	19,959（0.44）	25,099（0.55）	63,930（1.39）	1,660,652（36.22）	4,585,041（100.00）
亞洲大洋洲[c,e]	125,176,511（48.12）	29,656,203（11.40）	7,056,507（2.71）	6,477,611（2.49）	6,831,080（2.63）	21,253,166（8.17）	63,641,491（24.47）	260,132,572（100.00）

資料來源：International Energy Agency（2022a）。

註：a. 表中標示「 —— 」表示該國 2020 年無該項能源來源。

b. 歐盟的 27 國中所有資料均為 2020 年的最新資料，然羅馬尼亞、馬爾他、保加利亞、克羅埃西亞及賽浦路斯的最新資料為 2019 年。因 IEA 資料庫中並無歐盟現成能源總供給來源別之總量，因此本文乃將歐盟中 22 國的 2020 年資料與前述 5 國的 2019 年資料合併計算。

c. 表中各項能源最新資料除歐洲、北美洲、亞洲大洋洲及台灣為 2019 年外，其餘個別國家均為最新的 2020 年資料。

d. 在 IEA 的資料分類中北美洲包括加拿大、美國及墨西哥。

e. IEA 分區資料將亞洲大洋洲合併，共有 24 個國家，其中紐西蘭及澳洲均在此一區域中，24 國分別為中國、印度、日本、南韓、印尼、泰國、澳洲、巴基斯坦、台灣、越南、馬來西亞、越南、菲律賓、孟加拉、紐西蘭、南韓、尼泊爾、香港、斯里蘭卡、柬埔寨、蒙古、緬甸、寮國及汶萊。

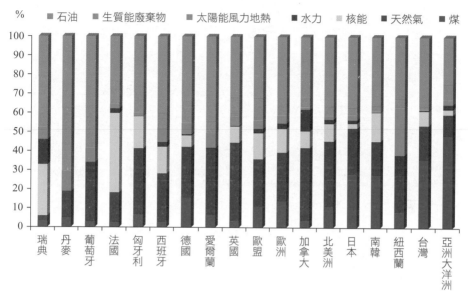

資料來源：本文計算並繪製自 International Energy Agency（2022a）。

圖 1　淨零已入法國家／區域與所在洲別之能源總供給類別結構比較

　　如果將 IEA 原分類的七大類能源別，分成由煤、天然氣及石油的化石燃料類，與水力、核能、各式再生能源、生質能及廢棄物的潔淨能源類，可以觀察前述各國、組織及所屬洲別，自 1990 年至最新 2020 或 2019 年，每 5 年一時間點、各單位（不論是單一國家、區域或是洲）所有能源供給來自化石能源類占總能源比例，及來自潔淨能源類占總能源供給之比例的變動及比較，所有結果呈現於表 3。表中數值如逐年遞減，表示該單位總能源供給來自化石能源類之比例漸減，而來自潔淨能源類之比例漸增，又如果數值大於一、表示特定單位之總能源供給中仍有相對高比例來自化石能源；反之，則是潔淨能源為該單位的主要能源供給來源。

表3 台灣、世界各主要洲別及淨零碳排已入法 14 國家／區域 1990 ～
2020/2019 能源總供給中化石能源比與潔淨能源比倍數變化 [a]

國家／區域	年 [b]						
	1990	1995	2000	2005	2010	2015	2020
瑞典	0.60	0.60	0.56	0.52	0.55	0.34	0.37
丹麥	12.98	11.61	7.75	4.78	3.52	2.00	1.30
葡萄牙	4.12	5.06	5.37	6.16	3.14	3.25	2.41
法國	1.33	1.09	1.06	1.07	0.98	0.87	0.85
匈牙利	5.41	4.64	4.41	4.12	2.73	2.27	2.38
西班牙	3.41	3.98	4.21	5.00	3.08	2.72	2.17
德國	6.61	6.10	5.13	4.39	3.64	3.66	3.20
愛爾蘭	58.18	67.97	57.82	38.37	20.32	10.61	6.03
英國	10.24	7.54	8.01	7.60	7.48	4.30	3.24
歐盟	4.42	3.85	3.50	3.30	2.77	2.39	2.14
歐洲	5.15	4.24	3.88	3.70	3.20	2.68	2.48
加拿大	2.79	2.52	3.03	2.96	2.87	2.73	2.88
北美洲	5.79	5.35	5.68	5.73	5.12	4.69	4.47
日本	5.50	4.39	4.15	4.33	4.16	14.08	8.29
南韓	5.17	6.74	5.24	4.16	4.85	4.48	4.35
紐西蘭	2.00	2.11	2.26	2.14	1.63	1.51	1.49
台灣	4.08	5.33	6.27	7.11	7.38	8.36	8.93
亞洲大洋洲	2.82	3.15	3.33	4.35	5.39	5.87	5.25

資料來源：本文計算自 International Energy Agency（2022a）。

註：a. 本文所計算的化石能源是將 IEA 所包括 7 大項能源別分成化石類，包括煤、石油及天
然氣；而潔淨能源則包括水力；太陽能、風力、地熱；生質能及廢棄物及核能。

b. 所有資料均為 IEA 上最新資料為 2020 年，然歐洲、北美洲、亞洲大洋洲及台灣最新資
料為 2019 年。

　　而如果將已入法的 14 國／區分成歐洲國家及非歐洲國家，分別觀
察歐洲個別國家與歐洲或是歐盟整體，化石能源在能源總供給中之占比

為潔淨能源占比的比較。相關結果分別呈現於圖 2 及圖 3，由圖 2 很清楚可看出，已入法的歐洲國家、主要為歐盟的 8 國及非歐盟的英國，自 1990 年至資料最新年的 2020 或 2019 年，僅有瑞典及法國在全國的總能源供給中，化石能源占比相對於潔淨能源占比的倍數比整體歐盟的平均為低。瑞典自 1990 年起，整體能源使用潔淨能源比例即高於化石能源占比，由表 3 的數值可知，瑞典在 1990 年化石能源占比僅有潔淨能源占比的 60%；而由表 2 最新 2020 年的資料可知，瑞典使用煤、天然氣及

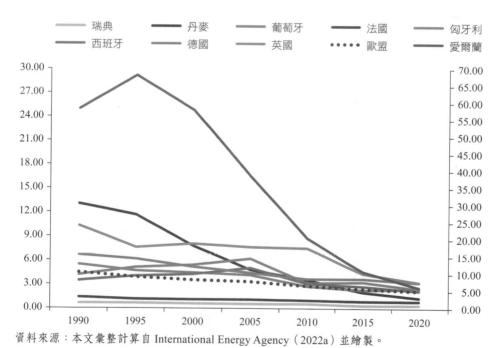

資料來源：本文彙整計算自 International Energy Agency（2022a）並繪製。

註：愛爾蘭的倍數數值因比其他國家／歐盟高許多，因此其數值劃在右邊縱軸，其他國家／歐盟的倍數數值在對應左邊的縱軸。又個別國家最新資料為 2020 年，歐盟的最新資料為 2019 年。

圖 2　淨零碳排已入法歐洲／歐盟國家化石能源比相對潔淨能源比倍數 1990 ～ 2020/2019 變動趨勢

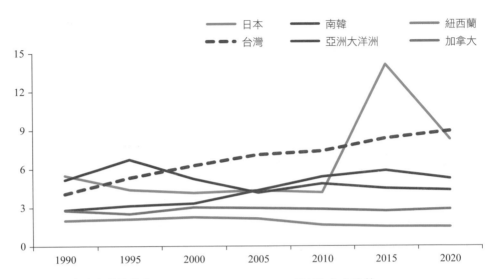

資料來源：本文彙整計算自 International Energy Agency（2022a）並繪製。

註：各國最新資料年為 2020 年，而台灣的最新資料年為 2019 年。

圖 3　台灣及非歐洲淨零碳排已入法國家化石能源比相對於潔淨能源比倍數 1990 ～ 2020 變動趨勢

石油等化石能源僅占總能供給約 27%，其餘 73% 則為淨能源，其中又以核能及生質能及廢棄物各占總能源供給約 26% 為最主要能源來源。至於法國，在 2005 年前，總能源供給中來自化石能源之比例比潔淨能源為高，然此後總能源供給中、來自化石能源比例則超越潔淨能源比例，最新 2020 年的資料顯示，各式潔淨能源提供法國能源總供給約占 54%，其中又以核能為最大宗，占了其中約 42%。

　　進而，由圖 2 可看出，8 個歐盟的個別國家化石能源占總能源比相對於潔淨能源占總能源比之倍數，由 1990 ～ 2020 年逐年下降，由此顯見淨零碳排已入法的 8 個歐盟國家逐年下降，表示這些將淨零入法的歐盟國家，所使用的總能源自 1990 ～ 2020 年、逐步以潔淨能源取代化

石能源，而能源使用結構的改變不論是來自政策因素或是技術因素的驅動，因這些國家轉向潔淨能源的占比逐年提升，如此也使得這些國家自 2015 年的巴黎協議以來，2018 年後相對有保握可將淨零目標正式入法。

　　而圖 3 則為淨零已入法的非歐洲國家、及這些國家所屬的亞洲大洋洲之化石能源比對潔淨能源比之倍數，此處也將台灣相同資訊一併呈現，以能與鄰近亞太淨零已入法的國家進行比較。圖 3 包括台灣在內的國家與洲別，與圖 2 歐洲國家的變動趨勢不同，自 1990 年以來，整體化石能源的使用比例，除紐西蘭有稍微明顯的降低外、南韓亦微幅下降、加拿大基本上維持在固定的比例。而亞洲大洋洲整體而言，化石能源使用的比例持續上升，其中主要是包括中國及印度兩大經濟發展中國家，由表 3 可知，在這兩大洲、來自化石能源占總能源比例相對於潔淨能源比例幾乎是加倍成長。

　　又其中比較特別的是日本，在 2015 年使用的化石能源比例突然有極明顯的增加，主要是 2011 年福島核電廠因地震及海嘯發生事故，使得原本來自潔淨能源比例在 2010 年已近 20%，因此一事故頓時使潔淨能源比例占總能源比例減少為約 7%。而最新 2020 年的資料顯示，潔淨能源比又增加至近 11%，其中有約 3% 是來自核能的使用。至於台灣，因淨零目標尚未入法，由圖 3 可見，自 1990 ～ 2019 年台灣所用的煤、天然氣及石油占總能源比例相對於潔淨能源比例是逐年增加，此更印證何以如圖 4 所呈現最新「中華民國國家溫室氣體排放清冊報告 2021」，自 1990 年至最新的 2019 年不論有無涵蓋 LULUCF 的 GHGs 均是逐年上升的可能原因（行政院環境保護署，2022）。又 IEA 所記錄的 2019 年最新資料顯示，台灣有 10% 總能源來自潔淨能源，其中尚包括近 8% 的核能，如果其他新增潔淨能源項目及速度未及減少的部分，可以預見來自化石能

源的比例勢必大幅增加，對於這些類型能源的使用除非同步搭配減碳技術的施行，否則對於台灣要邁向淨零碳排勢必是一大挑戰。

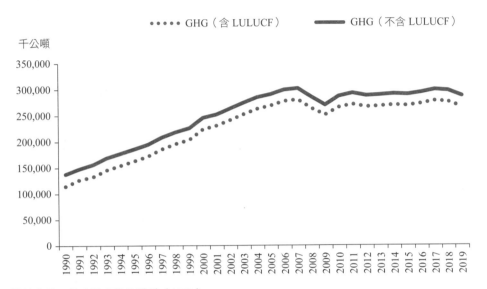

資料來源：行政院環境保護署（2022）。

圖4　台灣包括土地使用、土地使用改變及森林與不包括之 GHGs 排放變動趨勢

四、你的淨零是來自我的犧牲或你我可攜手同行

　　能源的使用中，與一般民眾生活最直接相關的是電力，電力的使用經常透過住宅建物、服務、各式運輸、製造業等等與民眾的生活連結。全球電力需求於 2021 年整體增加 6%，增加的絕對值約為 1,500 萬兆瓦時（TWh），其中中國需求的增加占了約 10%，此為 2008 年全球金融危機以來、2010 年經濟開始復甦後最大之增幅，對於電力需求的增加除了經濟成長外，另外則是源自於冬天更冷及夏天更熱的極端氣候（International

Energy Agency, 2022b）。電力需求的增加在各國可來自國內不同能源類型的提供，最新可得 2019 年全世界能源總供給用於電力的能源來源有 37% 來自煤、27% 來自各式再生能源、24% 來自天然氣、10% 來自核能另有 3% 來自石油（International Energy Agency, 2021b）；而就歐盟而言，整體能源消費中有 23% 是提供做為電力，而如果再細看主要的能源別，其中有 36% 來自化石能源、而 39% 來自風力、太陽能、水力及生質能等不同再生能源，另有 25% 來自核能（Eurostat, 2020），顯見歐盟的電力來自再生能源及核能比例比全世界平均相對高許多。結果或許是歐盟 GHGs 的減量得以有相對高的減量有關，當然各個國家電力的能源來源結構各不相同。

歐洲所涵蓋的國家數因定義不同而涵蓋不同的國家數，如以歐洲委員會（Council of Europe）所涵蓋的 46 國，其中包括目前所涵蓋的歐盟 27 國，然摩納哥及聖馬利諾因無資料，故不包括其中，因而歐洲國家共 44 國。因歐盟 27 國向來強調在 GHGs 減量上的成就，然歐盟可以有獨樹一格的表現，其所用的電力經常是進口自非歐盟的其他歐洲國家，如此使得歐盟國家與非歐盟的國家在 GHGs 的排放上有如圖 5 的互補情況發生。這些經常是當大家的注意力集中在歐盟國家的 GHGs 排放時，透過陸域相鄰的歐洲大陸，電力經常是透過四通八達橫跨國界的電網傳輸，特別是歐盟有近四分之一的能源用於電力生產，除了歐盟國家電力相互進出口外，歐盟國家與非歐盟國家也有電力進出口（International Energy Agency, 2021c），其中最明顯的例子是德國自 1990 年 2022 年、平均每年由法國進口 1,155,760 MWh 電力（CEIC, 2022），雖然占德國每年電力消費量約 1%，比例不高，然由法國進口的電力有相當比例是來自核能，如此使得德國及法國的 GHGs 排放量可以同步下降如圖 6。

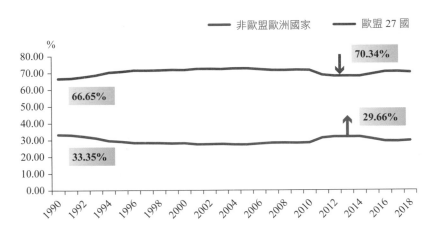

資料來源：Ritchie et al.（2020）。

圖 5　歐洲的非歐盟國家及歐盟國家在 GHGs 排放量的互補

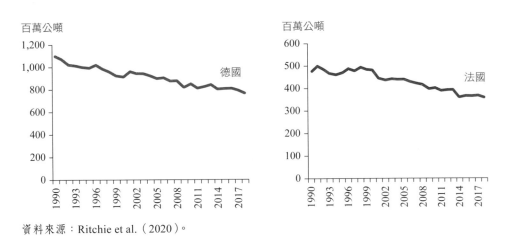

資料來源：Ritchie et al.（2020）。

圖 6　德國與法國歷年 GHGs 排放趨勢對照

　　而部分歐洲國家，在非歐盟或非歐洲的埃及、土耳其、波士尼亞、赫塞哥維納及塞爾維亞等境內興建或規劃興建 570 億瓦的燃煤電廠，而這些電廠所生產的是要輸送至（賣給）歐盟的電（Kankaanpää, 2020;

Rosslowe et al., 2020），然一般而言，比較少受關注的埃及與以色列 GHGs
之排放量，如此使得這兩國 GHGs 自 1990 年來的排放量如圖 7 一路上
升。又歐盟的西班牙，在 2018 ～ 2019 年隔著直布羅陀海峽自北非摩洛
哥淨進口增加 40 億千瓦時燃煤產生的電（Ember, 2020），因而使得不受
注意的摩洛哥之 GHGs 排放量自 1990 年來一路增加，而屬於歐盟的西
班牙得以因使用進口自摩洛哥的電而使 GHGs 排放量逐年下降如圖 8 所
示。而屬於北美洲與美國相鄰的加拿大及墨西哥，美國至目前尚未執行
全國性的碳稅及碳排放交易機制（emission trading systems, ETS），僅有
東西兩岸局部個別州及部分州有執行碳稅或 ETS。而加拿大於 2019 年執
行全國性的碳稅及 ETS，墨西哥在 2020 年執行先導型（pilot）的全國性
ETS，然在此之前、兩國在局部的省及州早已執行碳稅，加拿大與墨西哥
即便如此認真執行針對 GHGs 排放減量有關的政策；然圖 9 顯示，加拿
大與墨西哥的 GHGs 排放量，因兩國均出口電力至美國，雖然量不大，
然加拿大與墨西哥施行的碳稅及 ETS 對於 GHGs 減量已相當有限，可能
又因電力出口至美國需新增能源使用使得 GHGs 排放量增加而抵銷。

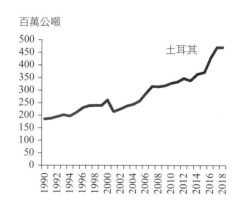

資料來源：Ritchie et al.（2020）。

圖 7　埃及與土耳其歷年 GHGs 排放趨勢對照

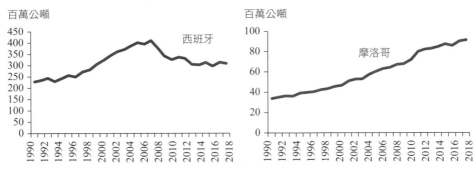

資料來源：Ritchie et al.（2020）。

圖 8　西班牙與摩洛哥歷年 GHGs 排放趨勢對照

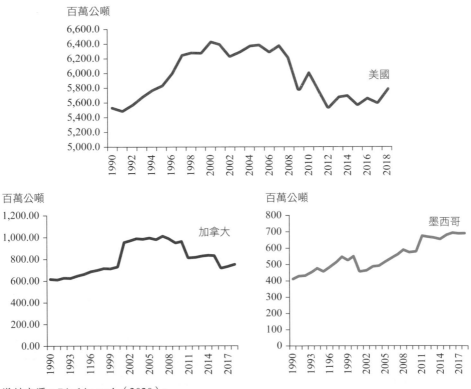

資料來源：Ritchie et al.（2020）。

圖 9　美國、加拿大及墨西哥歷年 GHGs 之排放趨勢對照

　　進而，如果將目前已入法的 13 個個別國家，擴大至這些國家所屬的經濟合作暨發展組織（Organization for Economic Co-operation and Development, OECD）國家[1]，歐盟除羅馬尼亞、保加利亞、克羅埃西亞、馬爾他及賽普勒斯不是 OECD 會員國外，其他 22 個均是會員國。進一步觀察 OECD 整個組織歷年之能源結構，OECD 能源結構最早的資料為 1974 年，至最新的 2020 年資料，整個 OECD 在最新的 2020 年所使用的能源煤占了 19.3%、石油占 1.69%、天然氣占了 30.81%、核能占 17.03%、水力占 14.29%、各式再生能源占 13.43% 及生質能源占 3.45%，而對應於同年全世界相同能源使用的比例分別為 36.70%、2.80%、23.5%、10.3%、16.00%、8.40% 及 2.40%。由此顯見，平均所得相對高的 OECD 國家，使用煤的比例明顯低於世界整體的平均，而使用天然氣、核能、各式再生能源的比例則相對的高，OECD 國家由 1974 ～ 2020 年每年所用能源的比例詳如附表 2 所示。

---

[1]　OECD 國家共有 38 個，分別為澳洲、（奧地利）、（比利時）、**加拿大**、智利、哥倫比亞、哥斯大黎加、（捷克）、（**丹麥**）、（愛沙尼亞）、（芬蘭）、（**德國**）、（**法國**）、（希臘）、（匈牙利）、冰島、（**愛爾蘭**）、以色列、（義大利）、**日本**、**南韓**、（立陶宛）、（拉脫維亞）、（盧森堡）、墨西哥、（荷蘭）、**紐西蘭**、挪威、（波蘭）、（**葡萄牙**）、（斯洛伐克）、（斯洛維尼亞）、（**西班牙**）、（**瑞典**）、瑞士、土耳其、**英國**、美國。其中標示粗黑體者，為淨零碳排已入法的 13 個個別國家。而標示括號者為歐盟國家，共 22 個。

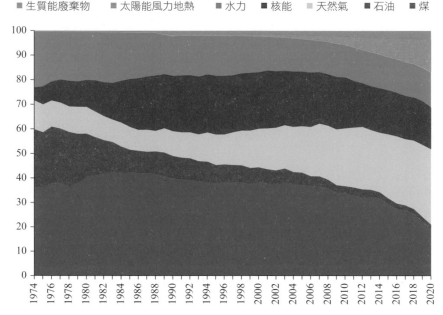

生質能廢棄物　　■太陽能風力地熱　　■水力　　■核能　　天然氣　　■石油　　■煤

資料來源：本文取自 International Energy Agency（2021b）數字繪製成圖。

註：圖中 2020 年為推估值。

圖 10　OECD 國家自 1974 ～ 2020 年產生電力之能源來源比例變動

五、淨零已入法各國／區域的 GHGs 總排放量及化石能源比相對於潔淨能源比之關係

　　因不同能源結構的使用，相當程度影響最後 GHGs 的整體排放量，最後，將淨零碳排已入法的 14 國／區域，自 1990 ～ 2020 年的化石能源占總能源供給比與潔淨能源占總能源供給比的倍數，代表一國／區域在過去 30 年來是否傾向減少化石能源而增加潔淨能源使用的比例，將每個國家／區域每 5 年此一倍數與各國／區域對應年份的 GHGs 總排放

對比，如果能源結構是造成 GHGs 排放量多寡的主要原因，合理的情況是此一倍數遞減、GHGs 排放量也必須是遞減。後續由圖 11 至圖 24 依序列出淨零已入法國家／區域倍數與 GHGs 排放量的關係，由於各國的 GHGs 排放量大小差異非常懸殊，而倍數最多僅是兩位數，為使每個國家／區域的倍數與 GHGs 排放量可以適當放在同一個圖上一併呈現，GHGs 的單位在不同的圖上加以適當調整。因此，圖 11 至圖 24 要觀察的是 GHGs 長條圖的變動趨勢，亦即長條圖是否漸短，而折線圖所表示的倍數則是觀察是否為由左上到右下的遞減趨勢。

由圖 11 看出，因為瑞典石化能源占總能源比長期以來就比潔淨能源占總能源比為低，因此倍數的變動不大，然 GHGs 排放量有漸減的趨勢，法國（圖 14）及歐盟（圖 19）的倍數及 GHGs 排放量亦有相同的趨勢。而丹麥（圖 12）的倍數有極顯著的下降，而 GHGs 原本排放量就不大，雖有下降、幅度並非很明顯；又葡萄牙（圖 13）、匈牙利（圖 15）、西班牙（圖 16）及德國（圖 17）的倍數與 GHGs 排放量有同步漸減的變動趨勢；至於愛爾蘭（圖 18）倍數有極顯著的遞減，是因為原來化石能源占總能源供給極高的比例，因此，只要潔淨能源比稍微提高，就使得倍數有極明顯的改變，然如果觀察化石能源在 1990 年占總能源近 98% 的高比例，降至 2020 年約 86% 的比例，如此表示潔淨能源使用在這段時間增加 12%，但 GHGs 的排放並沒有顯著的減少；英國（圖 20）倍數降低極為顯著，反應在 GHGs 的排放量亦同步減少。而淨零已入法的非歐洲國家，紐西蘭（圖 21）的倍數有減少，然 GHGs 的排放則是增加，而在亞洲的日本（圖 22）倍數除了因 2011 受福島核電廠事件而有不尋常的提升外，GHGs 基本上是增加，而南韓（圖 23）及加拿大（圖 24）前者的倍數遞減、而後者倍數維持固定的值，然南韓的 GHGs 排放卻是逐

年增加，而加拿大 GHGs 排放量的增減與倍數未有預期的關係。

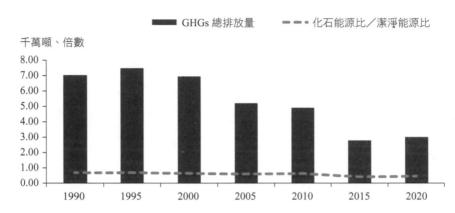

資料來源：Ritchie et al.（2020）及 International Energy Agency（2022a）。

圖 11　瑞典化石能源比相對於潔淨能源比倍數及對應 GHGs 總排放量
　　　　1990 ～ 2020 變動

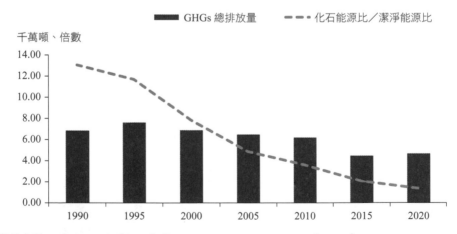

資料來源：Ritchie et al.（2020）及 International Energy Agency（2022a）。

圖 12　丹麥化石能源比相對於潔淨能源比倍數及對應 GHGs 總排放量
　　　　1990 ～ 2020 變動

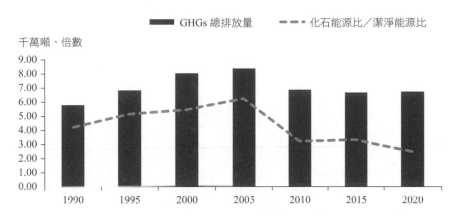

資料來源：Ritchie et al.（2020）及 International Energy Agency（2022a）。

圖 13　葡萄牙化石能源比相對於潔淨能源比倍數及對應 GHGs 總排放量 1990 ～ 2020 變動

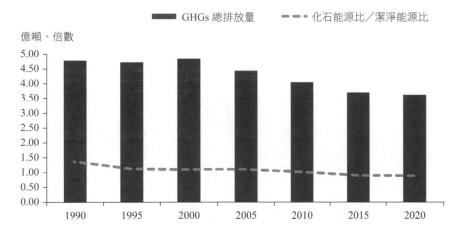

資料來源：Ritchie et al.（2020）及 International Energy Agency（2022a）。

圖 14　法國化石能源比相對於潔淨能源比倍數及對應 GHGs 總排放量 1990 ～ 2020 變動

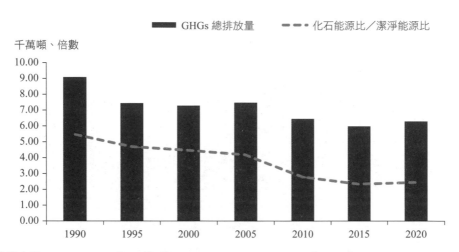

資料來源：Ritchie et al.（2020）及 International Energy Agency（2022a）。

圖 15　匈牙利化石能源比相對於潔淨能源比倍數及對應 GHGs 總排放量 1990 〜 2020 變動

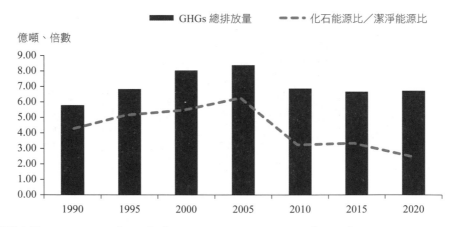

資料來源：Ritchie et al.（2020）及 International Energy Agency（2022a）。

圖 16　西班牙化石能源比相對於潔淨能源比倍數及對應 GHGs 總排放量 1990 〜 2020 變動

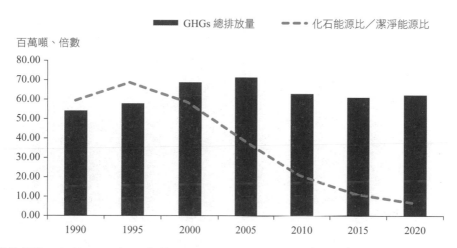

資料來源：Ritchie et al.（2020）及 International Energy Agency（2022a）。

圖 17　德國化石能源比相對於潔淨能源比倍數及對應 GHGs 總排放量
　　　 1990 ～ 2020 變動

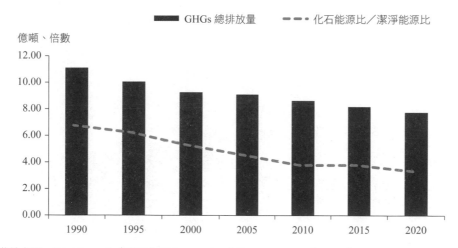

資料來源：Ritchie et al.（2020）及 International Energy Agency（2022a）。

圖 18　愛爾蘭化石能源比相對於潔淨能源比倍數及對應 GHGs 總排放量
　　　 1990 ～ 2020 變動

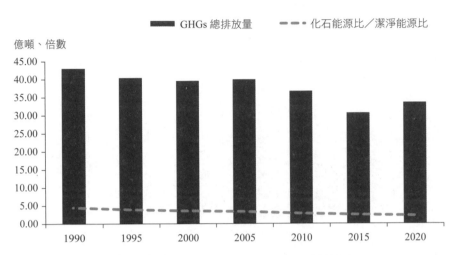

資料來源：Ritchie et al.（2020）及 International Energy Agency（2022a）。

圖 19　歐盟化石能源比相對於潔淨能源比倍數及對應 GHGs 總排放量
1990 ～ 2020 變動

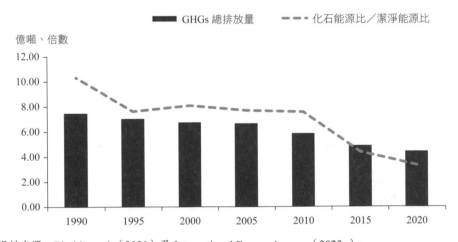

資料來源：Ritchie et al.（2020）及 International Energy Agency（2022a）。

圖 20　英國化石能源比相對於潔淨能源比倍數及對應 GHGs 總排放量
1990 ～ 2020 變動

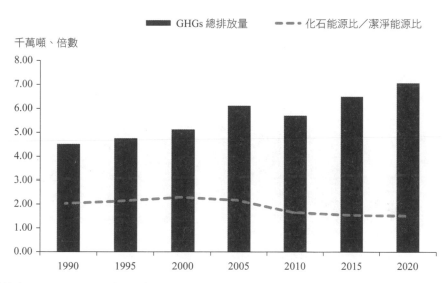

資料來源：Ritchie et al.（2020）及 International Energy Agency（2022a）。

圖 21　紐西蘭化石能源比相對於潔淨能源比倍數及對應 GHGs 總排放量
　　　　1990 ～ 2020 變動

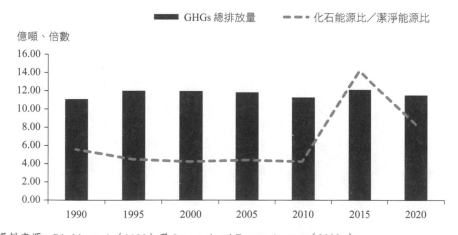

資料來源：Ritchie et al.（2020）及 International Energy Agency（2022a）。

圖 22　日本化石能源比相對於潔淨能源比倍數及對應 GHGs 總排放量
　　　　1990 ～ 2020 變動

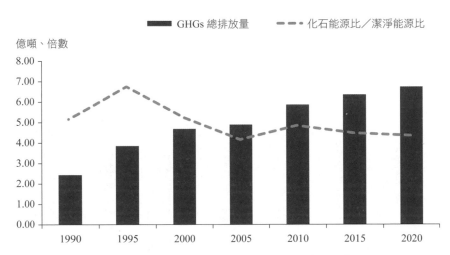

資料來源：Ritchie et al.（2020）及 International Energy Agency（2022a）。

圖 23　南韓化石能源比相對於潔淨能源比倍數及對應 GHGs 總排放量 1990 ～ 2020 變動

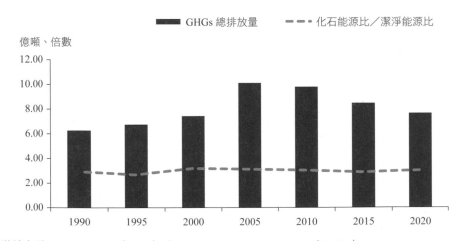

資料來源：Ritchie et al.（2020）及 International Energy Agency（2022a）。

圖 24　加拿大化石能源比相對於潔淨能源比倍數及對應 GHGs 總排放量 1990 ～ 2020 變動

六、台灣邁向淨零是混在各國中的馬拉松賽或真有其事

由淨零已入法國家／區域所呈現的化石能源占總能源比相對於潔淨能源占總能源比的倍數及 GHGs 排放量的關係，可以呈現台灣此一倍數與 GHGs 排放量關係的相同資訊如圖 25，由圖可看出此一倍數是逐年上升，而確切數值由表 3 或是附表 1 可算出，使用化石能源占總能源比由 1990 年的 4.08、逐年上升為 2019 年的 8.93，而每個對應年的 GHGs 排放量也是逐步增加，二者變動趨勢相同。如此的現象也反應出，台灣的 GHGs 排放量尚處於上升的階段，如果這是源自總能源供給中之能源結構

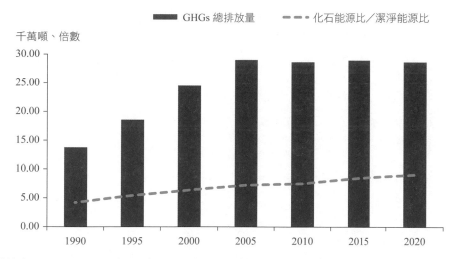

資料來源：Ritchie et al.（2020）及 International Energy Agency（2022a）。

圖 25　台灣化石能源比相對於潔淨能源比倍數及對應 GHGs 總排放量 1990 ～ 2020 變動

所造成，依此表示，如果台灣目前的能源結構不變、或是未逐步轉向讓潔淨能源占總能源供給比例有顯著的增加，要邁向淨零簡直是不可能的任務，淨零目標的設定恐難逃只是跟著國際淨零競賽的成員之一。

當然前面的簡單分析所著重的是各國／區域能源總供給中來自化石能源與潔淨能源的占比，所強調的是能源的量，然相同的量在不同的使用效率下、會產生不同的 GHGs 排放量，因此更精緻的觀察可以將各種能源類型的能源效率納入考量，當然 GHGs 的減少，最主要除了是使用多少能源、使用何種能源外，使用後所產生的 GHGs 亦有其他技術可以直接去除，因此各國在這些技術上的採行都可能影響能源使用後 GHGs 的排放量。此外，本文所用的相關資料都是在 2022 年 7 月 6 日歐洲議會正式宣佈核能及天然氣為氣候友善（climate friendly）能源前，各國／區域在既有能源使用規劃下的結果，然在此一能源的新認定下，是否會加速或影響各國／區域重新規劃能源使用的組合？當然，本文所使用的相關資料，更未納入難以預料的戰事所引起之能源供給來源及種類重新排列組合所造成之影響。

附表 1 台灣、淨零已入法國家／區域、各國所屬洲別的化石能源占總能源比、潔淨能源占總能源比及 GHGs 總排放量

年	能源來源比／GHGs排放量[c]	瑞典	丹麥	葡萄牙	法國	匈牙利	西班牙	德國	愛爾蘭	英國	歐盟	歐洲[b]	加拿大	北美洲	日本	南韓	紐西蘭	台灣	亞洲[b]大洋洲
1990	化石 %	37.67	92.85	80.46	57.14	84.41	77.34	86.86	98.32	91.10	81.55	83.73	73.60	85.28	84.62	83.78	66.65	80.33	73.79
	潔淨 %	62.33	7.15	19.54	42.86	15.59	22.66	13.14	1.68	8.90	18.45	16.27	26.40	14.72	15.38	16.22	33.35	19.67	26.21
	GHGs	70	69	58	478	91	275	1,109	54	746	4,279	5,460	626	6,587	1,109	244	45	138	5,360
1995	化石 %	37.59	92.07	83.51	52.22	82.26	79.91	85.92	98.55	88.29	79.38	80.93	71.59	84.26	81.45	87.08	67.81	84.19	75.90
	潔淨 %	62.41	7.93	16.49	47.78	17.74	20.09	14.08	1.45	11.71	20.62	19.07	28.41	15.74	18.55	12.92	32.19	15.81	24.10
	GHGs	75	76	68	472	74	303	1,005	58	703	4,019	4,805	673	6,982	1,202	385	48	186	6,764
2000	化石 %	35.78	88.57	84.31	51.56	81.51	80.81	83.69	98.30	88.90	77.78	79.49	75.20	85.03	80.60	83.97	69.31	86.24	76.91
	潔淨 %	64.22	11.43	15.69	48.44	18.49	19.19	16.31	1.70	11.10	22.22	20.51	24.80	14.97	19.40	16.03	30.69	13.76	23.09
	GHGs	69	69	80	484	73	370	925	69	674	3,934	4,789	740	7,746	1,199	469	51	246	7,696
2005	化石 %	34.16	82.70	86.03	51.62	80.47	83.34	81.46	97.46	88.37	76.74	78.73	74.73	85.13	81.24	80.62	68.19	87.67	81.32
	潔淨 %	65.84	17.30	13.97	48.38	19.53	16.66	18.54	2.54	11.63	23.26	21.27	25.27	14.87	18.76	19.38	31.81	12.33	18.68
	GHGs	52	65	84	443	75	424	910	71	664	3,974	4,984	1,007	7,930	1,186	489	61	291	11,175
2010	化石 %	35.33	77.88	75.86	49.57	73.21	75.47	78.45	95.32	88.21	73.48	76.21	74.18	83.65	80.62	82.90	62.03	88.06	84.35
	潔淨 %	64.67	22.12	24.14	50.43	26.79	24.53	21.55	4.68	11.80	26.52	23.79	25.82	16.35	19.38	17.10	37.97	11.94	15.65
	GHGs	49	62	69	404	64	349	863	63	584	3,647	4,675	976	7,602	1,130	586	57	287	13,976

國家、區域或洲別[a]

年	能源來源比/GHGs排放量 c	瑞典	丹麥	葡萄牙	法國	匈牙利	西班牙	德國	愛爾蘭	英國	歐盟 b	歐洲 b	加拿大	北美洲	日本	南韓	紐西蘭	台灣	亞洲大洋洲 b
														國家、區域或洲別 a					
2015	化石 %	25.12	66.63	76.47	46.44	69.45	73.14	78.54	91.38	81.14	70.46	72.85	73.16	82.43	93.37	81.75	60.24	89.32	85.44
	潔淨 %	74.90	33.37	23.53	53.56	30.55	26.86	21.47	8.61	18.86	29.54	27.15	26.84	17.57	6.63	18.25	39.76	10.68	14.56
	GHGs	28	45	67	369	60	326	818	61	487	3,046	4,207	845	7,117	1,215	635	65	290	15,910
2020/2019	化石 %	27.02	56.50	70.65	46.05	70.44	68.43	76.19	85.76	76.42	68.11	71.27	74.20	81.72	89.23	81.32	59.76	89.93	84.00
	潔淨 %	72.98	43.50	29.35	53.95	29.56	31.57	23.81	14.24	23.58	31.89	28.73	25.80	18.28	10.77	18.68	40.24	10.07	16.00
2019/2018	GHGs	30	47	67	361	63	327	777	62	441	3,333	4,244	763	7,253	1,155	673	71	287	16,965

資料來源：Ritchie et al.（2020）及 International Energy Agency（2022a）。

註：a. 能源資料除歐洲及亞洲大洋洲外均為 IEA 之 2020 最新資料，其中台灣及美洲北美洲最新資料為 2019 年，北美洲採用與 IEA 相同定義涵蓋加拿大、美國及墨西哥三國，而 GHGs 排放量除台灣為 2019 年資料外，其餘均為 2018 年資料。

b. 因 Ritchie et al.（2020）上僅有個別國家及全世界的 GHGs 排放量資料，不易加總數 10 個歐洲及亞洲大洋洲國家的 GHGs 排放量資料，因此歐洲及亞洲大洋洲的 GHGs 排放量資料另取自 Statista（2022）。

c. GHGs 排放量單位為百萬公噸 CO_2e。

附表 2　OECD 國家 1974 ～ 2020 年及世界最新 2019 年電力產生自各式能源之比例

單位：%

年	煤	石油	天然氣	核能	水力	太陽能 風力、地熱	生質能 廢棄物
1974	36.124	23.737	11.707	5.326	22.778	0.166	0.162
1975	36.433	22.210	11.359	7.236	22.401	0.180	0.180
1976	38.053	22.885	10.647	7.775	20.272	0.178	0.191
1977	37.830	22.327	10.600	9.292	19.580	0.171	0.201
1978	36.764	21.974	10.434	10.394	20.074	0.158	0.202
1979	38.237	19.805	11.001	10.287	20.277	0.182	0.212
1980	40.688	17.412	10.900	10.881	19.679	0.203	0.238
1981	41.137	15.528	10.424	12.654	19.802	0.214	0.241
1982	42.018	13.436	9.796	13.673	20.476	0.213	0.387
1983	42.520	12.182	9.147	14.855	20.677	0.230	0.390
1984	41.875	10.951	9.792	16.954	19.768	0.250	0.409
1985	42.553	9.018	9.264	19.466	19.002	0.274	0.422
1986	41.954	9.172	8.533	20.951	18.620	0.315	0.455
1987	42.056	8.725	8.930	21.598	17.910	0.329	0.453
1988	41.726	9.164	8.409	22.475	17.432	0.316	0.479
1989	40.708	9.731	9.864	21.998	16.122	0.401	1.176
1990	39.943	9.056	10.085	22.471	16.191	0.691	1.564
1991	39.451	8.904	10.320	23.093	16.351	0.696	1.185
1992	39.185	8.905	10.586	23.193	16.083	0.716	1.332
1993	38.840	8.067	10.931	23.468	16.686	0.729	1.279
1994	38.348	8.408	11.898	23.566	15.721	0.735	1.324
1995	37.861	7.482	12.446	23.796	16.358	0.720	1.337
1996	38.383	7.203	12.228	23.771	16.356	0.738	1.321
1997	38.404	6.959	13.310	23.135	16.079	0.745	1.368
1998	38.265	6.977	14.148	23.194	15.294	0.744	1.377

年	煤	石油	天然氣	核能	水力	太陽能 風力、地熱	生質能 廢棄物
1999	37.627	6.526	15.227	23.452	14.973	0.797	1.398
2000	38.407	5.992	15.758	22.880	14.659	0.860	1.444
2001	37.851	5.769	16.673	23.489	13.805	0.930	1.482
2002	37.653	5.512	17.429	22.873	13.924	1.054	1.556
2003	38.262	5.672	17.642	22.097	13.560	1.200	1.567
2004	37.316	5.180	18.421	22.473	13.564	1.387	1.660
2005	37.208	5.027	18.946	22.161	13.294	1.584	1.781
2006	36.842	3.935	20.089	22.072	13.419	1.778	1.866
2007	36.566	4.168	21.484	20.923	12.848	2.078	1.933
2008	35.760	3.615	22.000	20.883	13.257	2.446	2.039
2009	34.063	3.079	22.780	21.280	13.572	2.993	2.234
2010	33.929	2.797	23.588	20.687	13.241	3.425	2.333
2011	33.037	3.185	24.431	18.933	13.664	4.277	2.472
2012	31.892	3.564	25.442	17.728	13.684	5.029	2.661
2013	32.198	3.063	24.357	17.795	13.883	5.918	2.785
2014	31.794	2.500	24.265	18.049	13.806	6.648	2.938
2015	29.433	2.342	26.124	17.889	13.556	7.601	3.054
2016	27.438	2.169	27.473	17.698	13.738	8.304	3.179
2017	26.940	1.935	27.058	17.541	13.759	9.513	3.254
2018	25.460	1.894	28.032	17.441	13.700	10.216	3.257
2019	22.399	1.699	29.574	17.737	13.609	11.595	3.387
2020	19.303	1.692	30.811	17.026	14.289	13.431	3.448
世界 2019	36.70	2.80	23.50	10.30	16.00	8.40	2.40

資料來源：International Energy Agency（2021a）。

註：*2020 年的所有數值為推估值。

資料來源

1. 行政院環境保護署，2022。『中華民國國家溫室氣體排放清冊報告 2021』(https://unfccc.saveoursky.org.tw/nir/2021nir/uploads/00_nir_full.pdf) (2022/6/10)

2. Association of Accredited Public Policy Advocates to the European Union, 2021. *Net Zero Climate Targets in Europe* (http://www.aalep.eu/net-zero-climate-targets-europe) (2022/6/20)

3. CEIC, 2022. *Germany Electricity Imports: France* (https://www.ceicdata.com/en/germany/electricity-imports-and-exports/electricity-imports-france) (2022/7/25)

4. Danish Council on Climate Change, 2019. *A Framework for Danish Climate Policy Input for a New Danish Climate Act with Global Perspectives*. The Danish Council on Climate Change: Copenhagen. (http://eeac.eu/wp-content/uploads/2020/04/English-translation-A-framework-for-Danish-climate-policy.pdf) (2022/5/29)

5. Darby, Megan and Isabelle Gerretsen, 2019. *Which Countries Have a Net Zero Carbon Goal?* (https://climatechangenews.com/2019/06/14/countries-net-zero-climate-goal/) (2022/5/22)

6. Ember, 2020. *The Path of Least Resistance: How Electricity Generated from Coal is Leaking in the EU* (https://ember-climate.org/wp-content/uploads/2020/01/2020-SB-Path-of-least-resistance-1.2b_DIGI.pdf) (2022/7/10)

7. Energy & Climate Intelligence Unit, 2022. *Net Zero Scorecard: Net Zero Emission Race: 2022 Scorecard* (https://eciu.net/netzerotracker) (2022/6/10)

8. Eurostat, 2020. *What Is the Source of the Electricity We Consume?* (https://ec.europa.eu/eurostat/cache/infographs/energy/bloc-3b.html?lang=en) (2022/7/25)

9. Government of Canada, 2021. *Government of Canada Legislates Climate Accountability with First Net-zero Emissions Law* (https://www.canada.ca/en/services/environment/weather/climatechange/climate-plan/net-zero-emissions-2050/canadian-net-zero-emissions-accountability-act.html) (2022/5/27)

10. International Energy Agency (IEA), 2022a. *Countries and Regions*: *Total Energy Supply (TES) by Source*, IEA, Paris (https://www.iea.org/countries) (2022/7/20)

11. International Energy Agency (IEA), 2022b. *Electricity Markets Report*, IEA, Paris (https://iea.blob.core.windows.net/assets/d75d928b-9448-4c9b-b13d-6a92145af5a3/ElectricityMarketReport_January2022.pdf) (2022/7/20)

12. International Energy Agency (IEA), 2021a. *Share of OECD Gross Electricity Production by Source, 1974-2020p*, IEA, Paris (https://www.iea.org/data-and-statistics/charts/share-of-oecd-gross-electricity-production-by-source-1974-2020p) (2022/7/24)

13. International Energy Agency (IEA), 2021b. *World Energy Balances*: *Overview*, IEA, Paris (https://www.iea.org/reports/world-energy-balances-overview/World) (2022/7/26)

14. International Energy Agency, 2021c. *World Energy Balance 2021 Highlight*, (https://www.iea.org/data-and-statistics/data-product/world-energy-statistics-and-balances#world-energy-statistics) (2022/7/19)

15. Intergovernmental Panel on Climate Change (IPCC), 2019. G*lobal Warming of 1.5˚C*: *An IPCC Special Report on the Impacts of Global Warming of 1.5˚C above Pre-industrial Levels and Related Global Greenhouse Gas Emission Pathways, in the Context of Strengthening the Global Response to the Threat of Climate Change, Sustainable Development, and Efforts to Eradicate Poverty*. Edited by Masson-Delmotte, V., P. Zhai, H.-O. Pörtner, D. Roberts, J. Skea, P.R. Shukla, A. Pirani, W. Moufouma-Okia, C. Péan, R. Pidcock, S. Connors, J.B.R. Matthews, Y. Chen, X. Zhou, M.I. Gomis, E. Lonnoy, T. Maycock, M. Tignor, and T. Waterfield (https://www.ipcc.ch/site/assets/uploads/sites/2/2019/06/SR15_Full_Report_High_Res.pdf) (2022/5/30)

16. ntergovernmental Panel on Climate Change (IPCC), 2021. "Summary for Policymakers." In Valérie Masson-Delmotte, Panmao Zhai, Anna Pirani,

Sarah L. Connors, Clotilde Péan, Sophie Berger, Nada Caud, Yang Chen, Leah Goldfarb, Melissa Ines Gomis, Mengtian Huang, Katherine Leitzell, Elisabeth Lonnoy, Robin Matthews, Thomas K. Maycock, Tim Waterfield, Ozge Yelekçi, Rong Yu, and Baiquan Zhou, eds. Climate Change 2021: The Physical Science Basis. Contribution of Working Group I to the Sixth Assessment Report of the Intergovernmental Panel on Climate Change, Cambridge University Press, Cambridge, United Kingdom, pp. 3-32, doi:10.1017/9781009157896.001. (2022/6/03)

17. Kankaanpää, Kari. 2020. *Fortum's Views on Carbon Border Adjustment in the Power Sector. Fortum* (https://www.fortum.com/media/2020/03/carbon-border-adjustment-power-sector) (2022/7/12)

18. Karlsson, Miakel, 2021. "Sweden's Climate Act – Its Origin and Emergence," *Climate Policy*, 21 (9): 1132-1145.

19. Kaufman, Noah, Alexander R. Barron, Wojciech Krawczyk, Peter Marsters, and Haewon McJeon, 2020. "A Near-term to Net Zero Alternative to the Social Cost of Carbon for Setting Carbon Prices," *Nature Climate Change*, 10, 1010-1014.

20. Law Library of Congress and Global Legal Research Directorate, 2021. *Net Zero Emissions Legislation around the World.* Law Library of Congress, LL File No. 2021-020617, LRA-D-PUB-002566 (https://tile.loc.gov/storage-services/service/ll/llglrd/2021687417/2021687417.pdf) (2022/6/22)

21. Ministry of Climate, Energy and Utilities, Government of Denmark, 2020. *Climate Programme 2020 Denmark's Mid-century, Long-term Low Greenhouse Gas Emission Development Strategy–submitted under the Paris Agreement* (https://unfccc.int/sites/default/files/resource/ClimateProgramme2020-Denmarks-LTS-under-the%20ParisAgreement_December2020_.pdf) (2022/5/26)

22. Ministry of Economy, Trade and Industry, Financial Services Agency, Ministry of Internal Affairs and Communications, Ministry of Foreign Affairs, Ministry

of Education, Culture, Sports, Science and Technology, Ministry of Agriculture, Forestry and Fisheries, Ministry of Land, Infrastructure, Transport and Tourism, Ministry of the Environment, Government of Japan, 2021. *Green Growth Strategy trough Achieving Carbon Neutrality in 2050.* (https://www.meti.go.jp/english/policy/energy_environment/global_warming/ggs2050/pdf/ggs_full_en1013.pdf) (2022/5/26)

23. Ritchie, Hannah, Max Roser, and Pablo Rosado, 2020. *Our World in Data: CO2 and Greenhouse Gas Emissions Country Profiles* (https://ourworldindata.org/co2-and-other-greenhouse-gas-emissions) (2022/5/20)

24. Rogelj, Joeri, Stephen M. Smith, and Sha Yu, 2021. "Chapter 3: Net-zero Emissions Targets," *Emissions Gap Report 2021: The Heat Is On* (https://wedocs.unep.org/bitstream/handle/20.500.11822/36994/EGR21_CH3.pdf) (2022/7/25)

25. Rosslowe, Chris, Charles Moore, Dave Jones, and Phil MacDonald. 2020. *The Path of Least Resistance: How Electricity Generated from Coal is Leaking into the EU.* Sandbag. (https://ember-climate.org/wp-content/uploads/2020/01/2020-SB-Path-of-least-resistance-1.2b_DIGI.pdf) (2022/7/20)

26. Statista, 2022. *Energy & Environment-Emissions: Carbon Dioxide Emissions from Energy Worldwide from 1965 to 2021, by Region* (https://www.statista.com/statistics/205966/world-carbon-dioxide-emissions-by-region/) (2022/7/25)

27. United Nations, 2015. *Paris Agreement.* (https://unfccc.int/sites/default/files/english_paris_agreement.pdf) (2022/4/20)

28. United Nations Framework Convention on Climate Change, 2022. *Global Stocktake* (https://unfccc.int/topics/global-stocktake/global-stocktake#eq-2) (2022/6/27)

29. United Nations Framework Convention on Climate Change, 2008. *Kyoto Protocol Reference Manual: On Accounting of Emissions and Assigned Amount* (https://unfccc.int/resource/docs/publications/08_unfccc_kp_ref_manual.pdf) (2022/7/20)

ESG 永續治理轉型與競爭力

◎ 童慶斌　國立台灣大學生物環境系統工程學系教授、

永續辦公室執行長

一、2030 年是淨零碳排放目標之決戰點

2050 年是淨零碳排放的目標年，但 2030 年才是淨零碳排放的關鍵年。淨零碳排放是目標，但低碳轉型過程卻是國家競爭力的關鍵。1987 年布蘭特宣言具體提出永續發展的定義為「滿足現代發展需求，同時不危及下個世代滿足發展需求之能力」。短短文字點出永續發展重點在確保人類文明持續發展；在此同時必須維護自然生態環境之本質，人類才不會滿足了這個世代的需求，卻危及下個世代滿足發展需求之能力；滿足跨世代的發展需求，也點出社會公平正義原則。永續發展議程一直是 21 世紀以來人類重要課題，2005 年聯合國提出企業必須揭露環境與社會風險及其治理行為，並在 2006 年提出負責任投資，也就是投資者不能只看營收獲利，而是必須負責任地幫提供資金者注意投資標的是否會導致環境與社會風險，此外，此風險是否會進一步影響公司營運？逐步形成現今環境、社會與治理（Environmental, Social, and Governance）之永續治理。永續發展的最大衝擊將是氣候變遷，氣候變遷會帶來極端化之危害事件，導致人類文明發展受到阻礙。

2015 年在聯合國有幾項重要的決議，包括 2030 年永續發展議程與 17 項永續發展目標的提出；在法國巴黎召開氣候會議，在氣候變遷議題上，希望在本世紀末全球升溫控制在 2°C 以下，並儘量控制在升溫不超過 1.5°C。2021 年在英國 Glasgow 召開的氣候變化綱要公約第 26 次簽約國大會，更進一步明確希望本世紀末控制在不超過 1.5°C。我國則同時承諾在 2050 年達到淨零碳排放的目標，並在今年（2022）提出淨零碳排放路徑藍圖，這是跟上國際潮流的重要行動。雖然在 2050 年我國與歐美與鄰近亞洲國家相似，但在近程目標 2030 年，世界先進國家均將目標

設定在消減 50% 左右的溫室氣體排放或碳排放，目前我國以 2005 年為基準，希望 2030 年消減 20%，相比之下顯示目前我國在 2030 年的減碳目標遠低於其他國家。歐洲 2026 年將落實碳邊境調整機制來收取高額碳費，國際大廠也紛紛要求供應鏈廠商降低產品碳足跡，甚至要求達成碳中和才能加入供應鏈，這會對產業帶來較大的限制與降低國際競爭力。淨零碳排放的第一個關注時間點，應該是 2030 年是否能達成具有競爭力的低碳目標。

二、是否需要大家都自己達成淨零碳排放目標

推動低碳轉型達成全球淨零碳排放之目標是大家的責任，但並不是大家都需要達成淨零碳排放，而是必須截長補短地進行系統分析與整合。淨零碳排放與碳中和在全球尺度是一樣的，但在企業尺度則不同。淨零碳排放需盡量努力減少碳排放，最後無法減少之殘餘排放量（residual emission）才能以邊界外的抵換（offset）來抵銷。碳中和則可自訂減碳目標，剩餘排放量則可以邊界外的抵換（offset）來抵銷。碳中和可以視為承諾支持全球淨零排放，自己則未必需要達成淨零目標。目前各部會，甚至所屬單位都在推動淨零排放；同時大企業推動自己淨零碳排放目標，中小企業則焦慮自己無法完成淨零碳排放目標，事實上中小企業不一定需要以淨零碳排放為目標，除非供應鏈要求，否則以碳中和為目標即可。全球淨零排放與國家淨零排放有其必要性，各部會、部會所屬單位、城市、大學、產業是否都需要自身達到淨零碳排放？各機構應該更客觀分析，或許只需支持全球淨零碳排放，自己努力達成碳中和即可。

三、應推動碳排放總量管制

產業承諾科學基礎淨零碳排放目標（Science Based Target, SBT）需要訂定不同產業容許的殘餘排放量（Residual Emission），產業必須努力減少基準年的碳排放量，以期在目標年達成低於殘餘排放量。殘餘排放量可以用抵換（Offset）來達成淨零碳排放之目標。除了訂出國家淨零碳排路徑藍圖，應該進一步推估國家碳排放容許總量，並根據部門別來分配，最後包括產業碳排放容許量分配，並參照國際 SBT 標準，協助產業計算支持全球淨零碳排放之容許排放量，規劃低碳轉型路徑與措施，降低未達低碳轉型可能面臨之風險。有了碳排放容許總量分配，就可根據碳排放容許量訂定碳排放收費標準，及訂定如果超過碳排放容許量之罰則，並容許產業努力減碳，低於碳排放容許量的碳信用額度的買賣。

四、積極發展低碳轉型科技與碳權

機構低碳轉型的程序包括四大步驟：（1）溫室氣體盤查；（2）設定低碳目標；（3）規劃低碳轉型路徑與（4）實踐低碳轉型措施。第（4）項低碳轉型需要明確可行的行動與措施，才能順利達成目標，然其與各產業專業知識與技術息息相關。我國大學、科技研究中心以及產業應密切攜手合作，推動低碳轉型科技發展，包括如何降低能源需求、提高能源效率、發展去碳或低碳能源、發展碳捕捉與負碳技術等。這些低碳轉型科技的發展，除了協助國內產業轉型，也可做為技術輸出，發展低碳經濟。

碳權包括碳排放容許額度（Carbon Emission Allowance）與碳信用額度（Carbon Credit）。碳信用額度又可細分成（1）碳消減信用額度

（Carbon Reduction Credit），如某公司更換所有 LED 燈所減少用電，所導致之減少碳排放量。利用此類碳信用額度來進行抵換，還是會增加全球溫室氣體排放，所以對達成 2050 年淨零沒有幫助，無法有效幫助控制升溫 1.5°C；（2）碳移除信用額度（Carbon Removal Credit），如森林、農業、海洋、濕地的碳匯，可吸存大氣溫室氣體，淨零碳排的抵換（Offset）必須是碳移除信用額度（Carbon Removal Credit）才能對全球淨零有幫助，因為碳排放被移除大氣碳排放所平衡掉，也就是不增加大氣溫室氣體累積。

五、氣候變遷風險與氣候變遷因應法之偏廢

氣候變遷會帶來實體風險與轉型風險。實體風險是指氣候變遷導致更嚴重與更頻繁的危害事件，如淹水、乾旱、土石災害、熱浪、與寒流等，暴露在這些危害中會導致保全對象的衝擊與受損。氣候變遷實體風險必須明確採取調適行動來降低危害、暴露與脆弱度，進而降低氣候風險與提高氣候韌性。轉型風險則是在推動低碳轉型與淨零碳排放過程，如果沒有適當轉型，就可能被國內政府收取碳費與出口被國外收取碳關稅，進而增加營運成本；此外，如果沒有積極減碳，導致產品碳足跡過高，則可能失去市場競爭力，例如蘋果電腦公司要求供應鏈廠商在 2030 年必須達成碳中和，如果沒有達成，將可能失去所有訂單，這些對產業而言都是屬於轉型風險。

台灣長久以來忽視氣候變遷實體風險與韌性調適，氣候變遷實體風險與轉型風險一樣重要，不可偏廢。2021 年政府宣示淨零碳排放目標，整個社會嚴重傾向關注低碳轉型，導致氣候變遷實體風險沒有受到政府

與產業應有的重視。目前環保署正在修正溫管法，希望強化氣候變遷調適，並修正成氣候變遷因應法，把淨零碳排放目標入法。但目前修正草案仍然過度偏重減緩的法條，調適的法條仍有相當之改善空間。此外，目前氣候變遷因應法由行政院國家永續發展委員會負責協調、分工或整合國家因應氣候變遷基本方針，以及跨部會相關業務之決策及協調，如此安排是否適宜？又行政院在 2022 年 5 月通過環境部，其下新設氣候變遷署，並初步規劃設置五個組，分別是「淨零推動」、「排放管理」、「碳費推動」、「減量交易」與「調適韌性」組，然而氣候變遷調適未來可能需要跨部會整合與多層級治理，但目前組織編制卻僅設置一個組在推動調適，顯然嚴重低估調適之複雜度與重要性。

六、結語 —— ESG 永續治理轉型

淨零排放是目前國際之重要趨勢，沒有推動淨零排放就可能在國際上失去競爭力，因此如何訂定合理的 2030 年短程目標與可行措施就非常重要，2030 年為我國是否在國際社會維持競爭力的重要檢核時間點。然而氣候變遷因應包括減緩與調適策略與措施，淨零排放只是減緩中的一環，尚不可忽略另一部分氣候變遷調適。有了氣候韌性調適能力建構，才能確保可以顯著降低氣候變遷對人民生命財產與自然生態環境的衝擊，產業也才能持續營運，維持生產力。

ESG 永續治理包括環境與社會風險的降低與機會的掌握，淨零排放與韌性調適都是 ESG 永續治理中環境面向的一部分，除了環境面向以外，也不要忽略了社會面向的關注。雖然推動 ESG 永續治理轉型可能會增加成本，但融入公司治理可以提高公司的價值，優化 ESG 永續治理轉

型，讓提升價值高於增加成本，即能提高公司的競爭力與獲利。所以，公司應該積極推動 ESG 永續治理轉型與融入原有公司治理。政府也應該積極推動 ESG 永續治理，我國目前政府組織設計尚沒有合理涵蓋氣候變遷的減緩與調適，此外，ESG 永續治理涉及金管會、環保署與勞委會等機關業務，但目前也缺乏有能力統一協調此等機關共同推動之中央上級單位，這會讓 ESG 永續治理推動事倍功半，不利我國競爭力的提升。ESG 永續治理與低碳轉型是國家與產業競爭力提升之重點，必須有更高層級的專責機構，來推動全面性涵蓋與進行系統性的優化與整合行動。

淨零排放的自然解方

◎ 魏國彥　前行政院環保署署長、逢甲大學創能學院講座教授

摘要

　　面對溫室氣體造成的全球暖化危機人類必需逐漸邁向低碳社會，向地球系統機制師法的自然解方（Nature-based Solutions, NbS）最早係由世界銀行在 2008 年所提出，晚近成為全球環境治理當紅的選項。自然解方大致分成 4 個行動領域：保護自然生態系、復原或管理自然／半自然生態系、永續管理土壤與水系統、創造新的生態系等。自然解方可以運用到很多面向，本文聚焦於淨零排碳所牽涉到的自然碳匯（carbon sinks），分別為森林碳匯（綠匯）、土壤碳匯（黃匯）與及海洋碳匯（藍匯）。森林碳匯方面因台灣地狹人稠，不存有更多的土地得以造林，且既有的自然森林已經老化，不具太多吸碳潛力，故而國發會發佈的「2050 淨零排放路徑與策略總說明」對於此項碳匯的評估偏向保守，將由目前的每年 2,140 萬公噸增加到 2050 年的 2,250 萬公噸，所增匯的量（100 萬公噸多一點）十分有限。另方面，黃碳與藍碳未來似乎仍有潛力，儘管目前的研究與實證數字有限。因增進黃碳與藍碳封存效益之同時也具有增進生物多樣性、保育土壤、踐行友善農業及保育海岸等綜合效用，有助於履行聯合國所設定的 17 項永續發展指標，因此，以自然解方除碳除了可得碳權利益外，還產生有更多的外部效益，值得重視。

前言

　　人類自工業革命後大量燃用化石燃料而排放二氧化碳，農業發展及城市化等改變土地使用方式，也排放出二氧化碳、甲烷等溫室氣體，自 1850 年以來人類活動的溫室氣體排放量已從當年的每年 10 億噸增加到

目前每年 110 億公噸。近年的科學研究顯示，並非所有人為排放的二氧化碳（及其他溫室氣體）都貯留在大氣中，而約有 50% 左右被陸地與海洋所吸收。根據最新的「2021 全球碳預算」（2021 Carbon Budget）統計（Friedlingstein et al., 2022）（圖 1），過去 10 年間（2011～2020）每年人類活動排放的二氧化碳只有 48% 留在大氣之中，剩餘的部分被陸地與海洋所吸收（約 55%）。當人類活動排放的碳源（carbon source）增加，大自然也就有了相應水漲船高的碳匯（carbon sink），顯然大自然有其機制來制衡人類所排放的溫室氣體，這使得師法自然機制來移除大氣中的溫室氣體成為一個重要的氣候治理戰略。

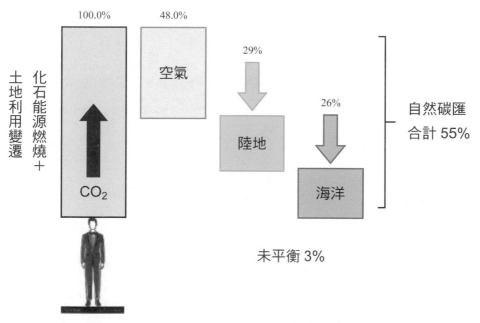

圖 1　2011～2020 地球系統的碳預算平衡

　　圖 1 為 2011 ～ 2020 年間地球系統的碳預算平衡圖。圖示每年人類活動排放的二氧化碳只有 48% 留在大氣之中，剩餘的部分被陸地與海洋所吸收（約 55%）。因人類排放量及大氣中二氧化碳的含量比較容易準確量化，而陸地吸收量估計的不準度很高，故而碳源與碳匯的估計量並不能精準相抵，有 3% 無法平衡。（作者根據 Friedlingstein et al., 2022 所發表的碳預算數字繪製。）

　　估算人類還可以排放多少溫室氣體，以達成保持地球氣溫增溫不超過工業革命前 1.5°C 或 2°C，充滿一些科學上的不確定性，這也是多年來國際政治協商中碰到的爭辯與藉口之一。面對種種科學與社會經濟活動估算的不確定性，最保險的方法之一就是人類儘量少去干擾自然系統，並應保持其原來功能之完整無缺。另方面，近年有更多研究及國際組織出版的報告提出，除了氣候之外，生物多樣性、生地化循環、森林減退等警訊頻傳，也促使「以自然為本的解方」（Nature-based Solutions, NbS）成為一項全球環境變遷研究中的一項顯學。

　　自然解方大致分成 4 個行動領域：保護自然生態系、復原或管理自然或半自然生態系、永續管理土壤與水系統、創造新的生態系等（Seddon et al., 2021）。因其具有整合性質，能發揮水文、環境、生物保育……多方面的綜效，能同時處理人類面臨的氣候與生物多樣性削減的雙重危機（Seddon et al ., 2020），而有助於達成聯合國提出的 17 項永續發展指標（Gomez Martin et al., 2020）。

　　自然解方的主要精神在於人類要與自然機制協力來解決目前遭逢的挑戰與問題，例如城市建設要包含藍色（水系）與綠色（生態）基礎

建設、採行對自然友善的農法，其基本原理是認為自然生態系的服務功能十分多面，應加以保育，並以人為的方式加強之。「自然解方」並非無為而治，是通過師法自然進行目標導向與技術設定，進行人為作用與結構，同時並增強自然的作用與結構，追求生物圈與技術圈的高度融合（圖2）。

圖 2 「自然解方」概念圖

圖 2 為解決人類文明所遭逢的危機所採取的「自然解方」概念圖。此觀念架構強調所謂「自然解方」並非無為而治，而是通過師法自然構成人為構造物的戰略布局與技術設定，將人為作用與結構仿效與增益自然的作用與結構，追求生物圈與技術圈的融合（改繪自 Herrmann-Pillath et al., 2022）。

自然解方可以運用到很多面向，例如水患治理、海岸保持、城市綠化、飲食與水源安全、畜牧……等，而溫室氣體減量只是眾多面向之一（Seddon et al., 2021），本文將聚焦於此一議題，而集中討論各類型自然碳匯（carbon sinks），分別為森林碳匯（綠碳）、土壤碳匯（黃碳）及海洋碳匯（藍碳），並檢討我國 2050 淨零排放規劃中相關的論述。

我國 2050 年淨零轉型中的自然碳匯

　　國家發展委員會於 2022 年 3 月 30 日提出「2050 淨零排放路徑與策略總說明」，其中並未特別標舉「自然解方」，但其中有將「負碳」技術列為未來 12 項關鍵戰略之一（圖 3），且為「自然碳匯」編列 847 億預算供未來 8 年之用。

圖 3　2050 淨零排放路徑及策略總說明

　　圖 3 為國家發展委員會提出之「2050 淨零排放路徑及策略總說明」報告書中將「自然碳匯」列為 12 項關鍵策略之一，並編列了 847 億預算供未來 8 年之用。

　　在「2050淨零排放路徑及策略總說明」中自然碳匯似乎指的是森林碳匯（圖4），因其呈現方式與歷年經濟部能源局發佈的「能源統計手冊」圖形相似，也與行政院環保署歷年發佈的「國家溫室氣體排放清冊」仿同。該「2050淨零排放路徑」報告書第60頁明言：「過去台灣在此領域多著重於森林碳匯，除了持續擴大森林之外，經技術盤點，包括土壤碳匯、海洋碳匯、生質碳匯等，皆為長期發展減碳潛力之技術領域。」言下之意，目前雖然以森林碳匯為主，但亦不排除將「土壤碳匯、海洋碳匯、生質碳匯等」納入，故本文特將相關議題就國際文獻做一簡明回顧，多角度地思考與盤點，亦將有助於於我國達成2050淨零排放的目標。

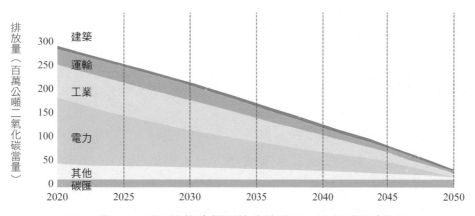

圖4　「2050淨零排放路徑及策略總說明」中的減碳路徑圖

　　圖4為國家發展委員會提出之「2050淨零排放路徑及策略總說明」中的減碳路徑圖。其中碳匯的量（最下方綠色條塊）在未來30年增加甚微，只增加了一百多萬公噸。

　　過去 10 年來，人類活動每年平均向大氣輸送 110 億公噸二氧化碳，其中約有 29% 被陸地生態系吸收。原先陸地碳庫主要著重於森林保育與植樹造林，但近年因為極端天氣肆虐，夏季酷熱、秋季天乾物燥，以致加州、加拿大、阿拉斯加、澳洲等地發生史無前例的大規模森林火災，不但森林無法固碳，反而成為排放二氧化碳的來源之一。關於陸地碳匯的潛力，Griscom et al（2017）就 3 大範疇共 20 種各類型的碳匯進行了盤點，在森林碳匯方面他們推薦避免砍伐、復育森林（含被野火焚燬者）最為便宜有效，數量亦為 3 種碳匯之冠。在土壤與農業方面，則以「營養管理」（nutrient management）最為重要，而在海岸地帶的藍碳面向則為保育海岸地質泥碳為最便宜有利。這個盤點提供了我們一個分析架構，但不見得能直接套用於位處亞熱帶、並已高度開發的台灣。本文將以國際研究文獻為本，並進一步評估在地應用的展望。

森林碳匯（綠碳）

　　根據 IPCC 2019 的報告，自 2007 到 2016 年的 10 年間每年因森林消失而排放了 5.3 ± 2.6Gt 二氧化碳給大氣（引自 Seddon et al., 2020）。因此，就綠碳而言，最重要的戰略是保存森林，維持其碳匯功能。台灣幸好溫濕多雨，除開個別人為不慎引發火災外，一般不太會發生野火焚毀。學者利用衛星遙測與森林生物量模型檢驗本世紀頭 12 年全球森林覆蓋的變化（Hansen et al., 2013），證實台灣森林保育甚為健全，林地並無明顯增減。另外根據中國大陸學者 Liang et al（2022）的最新研究顯示，台灣地區森林的碳密度（carbon density）偏低，主要與台灣森林的年齡老化有關，其吸碳與排碳之間幾乎已達到平衡，除了原本生物質

（biomass）的儲碳成果外，每年不再多增加新的生物質，也就缺乏移除大氣中二氧化碳的效果了。事實上也因為台灣地狹人稠，除了儘量保持原來的森林覆蓋外，已無多餘的土地或空間造林，這或許也是國發會對於淨零排放中的自然碳匯功能採保守估計的主因。

土壤碳匯（黃碳）

　　因森林不保，歐美學界近年改弦更張，探索將土壤當作更穩固的碳儲存庫的潛力。法國於 2015 年聯合國巴黎氣候峰會中提出「千分之四倡議」（4 per 1000 initiative），認為全球每年若能增加土壤千分之四的碳儲量將能延緩全球暖化（Minasny et al., 2017）。土壤碳儲（soil carbon storage）也稱做土壤碳封存（soil carbon sequestration），係指透過植物光合作用將大氣中的二氧化碳吸收轉化成生物質，植物的殘枝敗葉之碎屑以有機顆粒物型式儲存於土壤中，從而達成將二氧化碳從大氣移除之目的，因此成為是一種極有潛力的手段，除了能減緩氣候威脅外也對於農業生產、生態保育、水土保持有多方面的效益，能增進社會與經濟的永續發展（Sykes et al., 2019; Amelung et al., 2020）。世界農糧組織（Food and Agriculture Organization, FAO）也提出全球土壤碳封存評估計畫（Global assessment of SOC sequestration）。然而，土壤的有機物質含量受控於氣候、土壤使用與管理及土壤原本就有的多樣性，使得如何認證因改善而增加碳封存量（碳權）成為挑戰；上述兩個計畫也醞釀且倡議一套全球遵從的方法，就量測、登錄與驗證 3 步驟達成共識，藉以提出一套準確、完整、公平、透明、一致、可相比較的機制來計算碳權，融入國際碳權價格與交易體系（Oldfield et al., 2022）。對此，歐盟已發表政策

白皮書（McDonald et al., 2021），並公佈相關「種碳技術指引」（COWI, Ecologic Institute and IEEP（2021）。美國國會也通過「生長氣候解方法案」（Growing Climate Solutions Acts）。聯合國糧農組織（FAO）也於 2021 年出版 Recarbonizing Global Soils 技術指南（FAO and ITPS. 2021）一整套共 6 冊，國內已由正瀚生技股份有限公司引入並印刷分贈有需要的用戶。根據上述倡議與指引本人已就逢甲大學主校區與新水湳校區進行土壤採樣與研究，建構一套土壤含碳量的量測、登錄與驗證（MRV）技術，期能進行土壤儲碳，使土壤改良與作物選擇能成為碳中和的工具。一方面貢獻於校園社會責任之實作，並肩負教育與研究功能，希望未來能外延於社會與農業應用，貢獻於我國設定的 2050 淨零排放目標。

海洋碳匯（藍碳）

「藍碳」（blue carbon）這個概念首次正式由 2009 年的一次聯合國多機構（UNEP, FAO and IOC/UNESCO）聯席會議所提出，主旨為鼓勵世界各國應加強研究、重視、保育與增進海岸生態系的吸碳（absorbing carbon）與封碳（sequestering/storing carbon）角色（Nelleman et al., 2009）。國際自然保育聯盟（IUCN）隨即對海岸生態系 —— 鹽沼澤地、紅樹林、海草地、海帶及珊瑚礁的碳管理提出了潛力評估（Laffoley and Grimsditchm 2009）。該報告認定海岸生態系管理有 4 項重點：（1）該等生態系的土壤與沈積物面積雖不廣但是超比例地吸取與封存二氧化碳，主要原因在於該等地區溫室氣體（CH_4 and CO_2）排放潛能偏低；（2）也因此，有必要仔細盤點該等生態系的碳倉儲量（carbon inventory）；（3）目前全球碳預算盤點中並沒有把海岸生態系的排碳量或儲碳量明確計

入，不利於日後氣候治理；（4）這些海岸生態系日益受到破壞與損失中（Hamilton and Friess, 2018; Bryan-Brown et al., 2020），有必要加強保育及恢復。政策制訂者需認清碳封存牽涉 3 個主要參數：（1）每年移入缺氧（anaerobic）環境中土壤與沈積物的碳通量，因為在缺氧環境中該等碳不再被氧化，而能封存於沈積物中；（2）地面上與地面下的生物質數量；（3）地面以下的總儲碳量是以往歷史封存的總和結果（Sifleet et al., 2011）。經過近 10 年的比較研究，學者建議紅樹林的儲碳增進是國家層級最有效益的減碳途徑之自然解方（Taillardat et al., 2018）。

Lovelock 等人比較了 3 種植物生態系的藍碳年度埋藏量，發現紅樹林的碳埋藏量能是最高的，紅樹林的全球年度埋藏碳量可達 23 – 33Tg（Lovelock et al., 2020）。就每公頃的碳移除量而言也是紅樹林最有效率，每公頃的年度碳通量可達 9 公噸。台灣西部海岸共有 14 個紅樹林濕地零星分布於各縣市，多年來因海岸河口地的開發及保育的相關爭議，目前僅在新北市淡水河沿岸、苗栗縣中港溪出海口、台中市大安區溫仔寮河口及台南市安南區四草濕地有較集中的分布，本人已展開採樣與研究。

結語

國家發展委員會於 2022 年 3 月 30 日提出「2050 淨零排放路徑與策略」，計畫中將「負碳」技術列為科學研發的重點，並在「自然碳匯」項目下編列 847 億預算供未來 8 年轉型之用。但就規劃報告內容來看，所謂「自然碳匯」指的是森林碳匯，由目前的每年 2,140 萬公噸將增加到 2050 年的 2,250 萬公噸，所增匯的量（100 萬公噸多一點）實在有限。另方面，目前土壤碳匯（黃碳）尚屬萌芽階段，紅樹林與海草床的藍碳雖

經中興大學林幸助教授多方鼓吹，但尚未有及實際測量值佐證。考量國際已發表的文獻記錄（如法國「千分之四倡議」）的眾多案例與紅樹林的實證案例（將印尼峇里島某廢棄水產養殖池改造為紅樹林棲地，見 Sidik and Arifanti, 2021），黃碳與藍碳似乎頗具值得開發的潛力，並因改善黃碳與藍碳封存效益之同時也具有增進生物多樣性、保育土壤、踐行友善農業及保育海岸等綜合效用，有助於我國履行聯合國所設定的 17 項永續發展目標，因此淨零排放中的「自然解方」部分值得我朝野進一步探究與實踐。

資料來源

1. Amelung, W., Bossio, D., de Vries, W., Kögel-Knabner, I., Lehmann, J., Amundson, R., Bol, R., Collins, C., Lal, R., Leifeld, J., Minasny, B., Pan, G., Paustian, K., Rumpel, C., Sanderman, J., van Groenigen, J.W., Mooney, S., van Wesemael, B., Wander, M., Chabbi, A., 2020. Towards a global-scale soil climate mitigation strategy. *Nature communications 11* (1). https://doi.org/10.1038/s41467-020-18887-7

2. Bryan-Brown, D. N., Connolly, R. M., Richards, D. R., Adame, F., Friess, D. A., & Brown, C. J. (2020). Global trends in mangrove forest fragmentation. *Scientific reports*, *10*(1), 1-8.

3. COWI, Ecologic Institute and IEEP (2021) Technical Guidance Handbook - setting up and implementing result-based carbon farming mechanisms in the *EU Report to the European Commission, DG Climate Action, under Contract No.* CLIMA/C.3/ETU/2018/007. COWI, Kongens Lyngby.

4. FAO and ITPS. (2021) Recarbonizing global soils – A technical manual of recommended management practices. Rome, FAO.

5. Gómez Martín, E., Giordano, R., Pagano, A., van der Keur, P., & Máñez Costa, M. (2020). Using a system thinking approach to assess the contribution of nature based solutions to sustainable development goals. *Science of the Total Environment*, *738*. https://doi.org/10.1016/j.scito tenv.2020.139693

6. Griscom, B. W., Adams, J., Ellis, P. W., Houghton, R. A., Lomax, G., Miteva, D. A., Schlesinger, W. H., Shoch, D., Siikamäki, J. V., Smith, P., Woodbury, P., Zganjar, C., Blackman, A., Campari, J., Conant, R. T., Delgado, C., Elias, P., Gopalakrishna, T., Hamsik, M. R., ⋯ Fargione, J. (2017). Natural climate solutions. *Proceedings of the 7.National Academy of Sciences of the United States of America*, *114*, 11645–11650. https://doi.org/10.1073/pnas.17104 65114

8. Hamilton, S. E., & Friess, D. A. (2018). Global carbon stocks and potential emissions due to mangrove deforestation from 2000 to 2012. *Nature Climate Change*, *8*(3), 240-244.

9. Hansen, M. C., et al (2013). High-resolution global maps of 21st-century forest cover change. *Science, 342* (6160), 850–853. https://doi.org/10.1126/science.1244693

10. Herrmann-Pillath, C., Hiedanpää, J., & Soini, K. (2022). The co-evolutionary approach to nature-based solutions: A conceptual framework. *Nature-Based Solutions*, *2*, 100011.

11. Friedlingstein, P., Jones, M. W.,and others (2022) *Earth Syst. Sci. Data, 14*, 1917–2005, 2022 https://doi.org/10.5194/essd-14-1917-2022

12. Laffoley, D.d.A.; Grimsditch, G. (Eds.) *The Management of Natural Coastal Carbon Sinks*; IUCN: Gland, Switzerland, 2009.

13. Liang, B., Wang, J., Zhang, Z. et al., (2022) Planted forest is catching up with natural forest in China in terms of carbon density and carbon storage, *Fundamental Research*, https://doi.org/10.1016/j.fmre.2022.04.008

14. Lovelock, C. E., & Reef, R. (2020). Variable impacts of climate change on blue carbon. *One Earth*, *3*(2), 195-211.

15. McDonald, H., Frelih-Larsen, A., Lóránt, A., Duin, L., Andersen, S. P., Costa, G., & Bradley, H. (2021) Carbon farming. http://www.europarl.europa.eu/supporting-analyses

16. Minasny, B., Malone, B.P., McBratney, A.B., Angers, D.A., Arrouays, D., Chambers, A., Chaplot, V., Chen, Z.S., Cheng, K., Das, B.S., Field, D.J., Gimona, A., Hedley, C.B., Hong, S.Y., Mandal, B., Marchant, B.P., Martin, M., McConkey, B.G., Mulder, V.L., O'Rourke, S., Richer de Forges, A.C., Odeh, I., Padarian, J., Paustian, K., Pan, G., Poggio, L., Savin, I., Stolbovoy, V., Stockmann, U., Sulaeman, Y., Tsui, C.C., Vågen, T.G., van Wesemael, B., Winowiecki, L.,

(2017) Soil carbon 4 per mille. *Geoderma 292*, 59-86. https://doi.org/10.1016/j.geoderma.2017.01.002.

17. Nelleman, C.; Corcoran, E.; Duarte, C.M.; Valdés, L.; DeYoung, C.; Foseca, L.; Grimsditch, G. (Eds.) Blue Carbon: A Rapid Response Assessment; *United Nations Environmental Programme and GRID-Arendal*: Arendal, Norway, 2009.

18. Oldfield, E. E., Eagle, A. J., Rubin, R. L., Rudek, J., Sanderman, J., & Gordon, D. R. (2022). Crediting agricultural soil carbon sequestration. *Science, 375*(6586), 1222-1225.

19. Seddon, N., A. Chausson, P. Berry, C.A.J. Girardin, A. Smith, and B. Turner. 2020. Understanding the value and limits of nature-based solutions to climate change and other global challenges. *Philosophical Transactions of the Royal Society of Biology. 375*: 20190120. https://doi.org/10.1098/rstb.2019.0120.

20. Seddon, N., A. Smith, P. Smith, I. Key, A. Chausson, C. Girardin, J. House, S. Srivastava, and B. Turner. 2021. Getting the message right on nature-based solutions to climate change. *Global Change Biology 27*: 1518–1546. https://doi.org/10.1111/gcb. 15513.

21. Sidik, F and Arifanti, V. B. (2021) Mangrove restoration in abandoned ponds in Bali, Indonesia. In *FAO and ITPS. (2021) Recarbonizing global soils – A technical manual of recommended management practices. Volume 6*, Ch. 17, p. 180 – 185.

22. Sifleet, S.; Pendleton, L.; Murray, B.C. State of the Science on Coastal Blue Carbon: A Summary for Policy Makers. In *Nicholas Institute for Environmental Policy Solutions Report NIR 11-06*; Nicholas Institute, Duke University: Durham, NC, USA, 2011.

23. Sykes, A.J., Macleod, M., Eory, V., Rees, R.M., Payen, F., Myrgiotis, V., Williams, M., Sohi, S., Hillier, J., Moran, D., Manning, D.A.C., Goglio, P., Seghetta, M., Williams, A., Harris, J., Dondini, M., Walton, J., House, J., Smith, P., (2020) Characterizing the biophysical, economic and social impacts of soil carbon

sequestration as a greenhouse gas removal technology. *Global Change Biol. 26*, 1085-1108. https://doi.org/10.1111/gcb.14844.

24. Taillardat, P., Friess, D. A., & Lupascu, M. (2018). Mangrove blue carbon strategies for climate change mitigation are most effective at the national scale. *Biology Letters, 14* (10), 20180251. doi:10.1098/rsbl.2018.0251

25. World Bank (2008) *Biodiversity, Climate Change and Adaptation: Nature-Based from the World Bank Portfolio*. Washington, DC.

談能源政策

◎ 毛治國　前行政院院長、國立交通大學終身榮譽教授

　　管理大師彼得杜拉克名言「甲蟲永遠不可能長得跟大象一樣大」，說明量體大的生物，在結構上必須要有脊椎骨支撐才能站起來的道理。

　　討論能源政策引用杜拉克這句話，用意在說明：能源政策也是「講究結構」的一個科學系統，支撐能源供應大框架的脊柱就是「基本負載能源」（base load power，簡稱基載能源）。而要瞭解基載能源的意義，必須從瞭解每天發電需求的情形入手。

每日電力負載曲線

　　圖 1 起起伏伏的的深色粗線，是台電所發布 2022 年 5 月中旬的台灣每日平均電力負載曲線圖（它與下方細淺色的 2017 年每日平均曲線相較，已發生約 6,000 百萬瓦／小時的成長增量）。圖 1 中出現三個負載尖峰：下午 3 時是全日最高的瞬間尖峰值（約每小時 36,000 百萬瓦）；上午 6 時則是電力需求的谷底（約每小時 27,000 百萬瓦）。

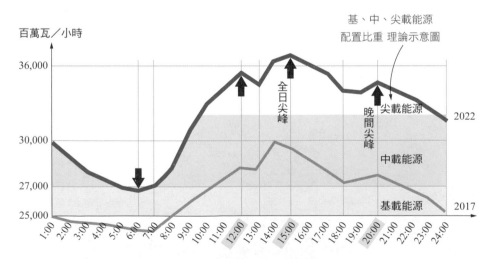

圖1　每日電力負載曲線

　　針對圖 1 的電力負載曲線，理論上（說明用的示意圖非實際比例）能源配置的一種可能方式是：谷底以下的全日需求（約 27,000 百萬瓦／小時）全部由「基載能源」承擔；上方的上午 9 時到半夜 12 時的民生與工業主要用電時段，啟動「尖載能源」（peak load power）供電；而谷底到尖峰區段之間的電力缺口則由「中載能源」（mid load power）填入補足。

　　圖 1 的「能源配比『理論示意』」顯示：在下午 3 時的全日尖峰需求約 36,000 百萬瓦的電力中，基載能源負荷比重約為 75%（27,000/36,000），中載約 15%，尖載約 10%。這一假想中的基載、中載、尖載能源在全日電力需求中所負擔占比的差異，反映出：基載能源是骨幹，其餘的中載、尖載能源則是用來搭配的能源；所以談能源政策必須瞭解基載能源的意義。

基載能源

　　基載能源必須滿足以下幾個條件：（1）能 24 小時全天候持續運轉（保養與維修時間除外）；（2）發電量大，各種基載能源加總起來的發電總量，必須能滿足 70% 以上的總需求，才算是穩定的能源結構；（3）成本低廉，以便用低價格滿足民生與工業用電之需；（4）在達成「2050 淨零排碳目標」（簡稱「2050 淨零目標」）的全球風潮下，需能滿足低碳排放或無碳排放的標準。而對於能源進口的比重高達 98% 的台灣來說，對基載能源還需多加一個條件，那就是：安全存量必須容易控制。

　　能夠同時滿足上述 4 項基本條件的能源是水力發電。許多水資源豐富的國家，水力發電是最重要基載能源，例如：挪威占 95%；巴西占

80%；加拿大占 50%；而南美洲許多國家則占 60% 以上。可惜，台灣受先天限制，以日月潭的抽蓄發電系統可發電量最大，但也僅能發出約 1% 的占比，供給尖峰調節之用。

傳統上的台灣基載能源主要是燃煤與核能兩項，它們的特性如下：

1. 煤是 18 世紀工業革命以來就採用的能源，雖然完全符合上述前 3 項的基載基本條件，而且台灣的安全存量可達 1 個月左右；但是它造成的污染問題，在「2050 淨零目標」下，已成為第一個要被排除的基載能源選擇，所以「減煤」已是沒有懸念的不可逆必然趨勢。不過，我們目前的政府宣稱未來燃煤發電仍將占 30%，但卻看不出面對「2050 淨零目標」的日益迫近，這一目標將在何時，以及用何種方式修正？

2. 核能是 20 世紀中葉之後開始推廣的能源，它的發電成本比燃煤更低，完全符合上述 4 項基載基本條件，而台灣的安全存量更長達 1 ～ 2 年。不過，在台灣因有人質疑它有發生核輻射風險的公共安全問題，因而排斥它，乃至推動「廢核」政策。

事實上，除了水力、燃煤、核能外，包括天然氣在內的其他能源，過去都進不了基載能源的範疇。以下先談液化天然氣。

液化天然氣（Liquefied Natural Gas, LNG）

LNG 的發電成本約為燃煤的 2 倍（所以過去單從成本考量，就只將它用作中載能源；台灣未來要用它擔綱作為基載電源，成本因素將使政府不可能永遠都「凍漲」電價，除非政府要用國庫，無限期吸收台電與中油的營運虧損，讓這筆債務留給子孫去還）；至於各種有害污染源的排

放，LNG 發電約為燃煤的 50%，所以在「2050 淨零目標」下，與煤同屬化石燃料的 LNG，在燃煤電廠全部停用後，LNG 電廠將成為到時候最不環保的電力來源，也必將繼煤之後，成為要被大家排除的能源選項。

雖然目前政府片面「認定」天然氣是低污染能源，並在 2016 年獨步全球，公告了「天然氣設施不受空污法處罰」的法令，並且宣示未來要將燃氣發電占比提高到 50%，成為台灣最主要的基載電源。問題是：這種不同於國際的認知，未來要如何面對國際社會的嚴格檢驗，將來是否淪入專家們所稱「賠了夫人又折兵」的下場；亦即，未來數年台灣大幅增加燃氣發電投資後，最後卻在「2050 淨零目標」的國際壓力下，必須被迫一一關廠，落到白忙一場的結局；這個後果將使台灣基載能源，頓時出現 50% 缺口的空前劫難，到時這一歷史責任又該找誰負責？

台灣採用 LNG 作為基載能源的另一立即性風險是：安全儲存量難以提高。由於過去天然氣只作中載能源之用，所以它所設定安全存量僅 2 週左右。未來即使繼續增建接收站與儲氣槽來擴大能量，但發電負載提高到 50% 後，實際安全存量恐仍難達到基載所需以月計的水準。這就會嚴重弱化台灣能源供應的穩定性，並嚴重惡化其風險性，乃至形成國安危機。

綠能：風力發電、太陽能光電

目前的政府宣稱未來綠能占比將達 20%，這是一個相當高的比重。台灣當前的綠能選項就是風力發電（以下簡稱風電）以及太陽能發電（以下簡稱光電）兩項。要理解風、光兩電的特性，必須先瞭解 2 個電力術語：裝置容量（installation capacity）、容量因素（capacity factor）。

　　裝置容量是指發電機組全力運轉時的發電能量；而容量因素則是扣除系統保養與維修時間，以及客觀上發不出電的時間（如夜晚或光線不足時，光電停擺；或無風天候，風電停擺）所必須打的折扣後，發電機組所可產生的實際發電能量。各種能源的容量因素平均值約為：核能 90%；煤 85%；天然氣 70%；風力 30%；太陽能 18%。

　　目前政府把 2025 年的綠能占比訂為 20%，所指的應是「裝置容量 x 容量因素」後的實際發電能量，而不是指裝置容量。這一分辨至關重要，因為風、光兩電的「容量因素」很低，分別只有約 30% 與 18%，若要發出總能源需求 20% 的實際電量，它所需的裝置能量就必須分別放大到 100/30 = 3.3 倍（若全用風電）或是 100/18 = 5.6（若全用光電）倍的規模才行。

　　目前政府所提綠能建設進度用的都是裝置容量，但因為政府沒有說明這一裝置容量還必須打上「容量因素」的大折扣，才是實際可發的電量；所以在不挑明、講清楚情形下，就會使一般民眾誤以為裝置容量就是綠能可實發的電量，可直接用來滿足台灣的用電需求。事實上，按照台灣的空間與地理條件，可設置風、光兩電裝置容量的陸域、海域已經接近飽和；要想再做 3 ～ 7 倍（具體倍數視綠能發電量中，風、光兩電的相對占比而定）的放大，已經沒有實施上的可行性；因此要使綠能發出 20% 占比電量的目標，未來必將出現無從彌合的巨大缺口，這一缺口就是必然的缺電電量。

　　除了建置規模上的問題外，風、光兩電的特徵就是它們很難調度，亦即：它們有電發的時候，我們可能因其他電源還夠而用不上它們；但當我們需要用到它們時，卻因為「它們不會為你加班」而根本發不出電來。再加上，風、光兩綠能的容量因素打的折扣太大，所以這類電源除

非搭配儲能設施（但目前的儲能設施在技術與成本上都尚未成熟），否則它們充其量只是補充性的電源，無法擔綱作為尖載或中載能源。這也是圖 1 中，我們特別標示出晚間尖峰的用意：因為到了晚上，光電無法支援夜間尖峰供電，所以必須從可用能源中剔除；而在無風的季節，即使作為補充電源，風電也同樣不可靠。

備轉容量（operating reserve）

備轉容量是另一個與能源政策息息相關的電力術語。它是指：當天可實際調度的發電總量扣除當天瞬間尖峰用掉的電量後，可供緊急使用的剩餘發電容量。這個容量是用來應付以下情況：

1. 供給面：個別發電廠發生事故無法供電，或輸電配電網路出現故障時，都需利用這一保留電源來即時漏接補位，或緊急就近調度，以避免停電或斷電問題。
2. 需求面：民生或工業用電出現突發尖峰，導致缺電危機時，也需利用這一備用電源緊急支援，以避免缺電危機。

作為備轉容量的能源必須有可被快速啟動的特性，例如水力抽蓄發電就是台灣備轉容量的主要選項；燃油機組也可作為備用電源，但大型燃油機組有時需先行暖機待命，才能瞬間供電；當然如有多餘的 LNG 機組閒置，也是備轉容量的選項。至於基載能源的啟動惰性較大、耗時較久，所以一般不會用來作為必須即開即有的備援能源。

備轉容量是能源政策的戰略參數，是能源總量規劃的重要指標，也是基載、中載、尖載能源選項與配比等決策的基本依據。在政策設計上，一般多以 15% 作為備用總容量的基準。過低的備轉容量會弱化能源

系統的穩定性；過高的備轉容量則是資源的浪費。因此，正確的能源選項、健全的能源配比，以及合理與及時的新能源投資，也都必須以專業的能源需求預估，以及適當的備轉容量設定作為決策基礎。

另方面，備轉容量的日常管理也是電力系統管理的基本課題（按：每日瞬間的備轉容量 >10% 時，屬代表安全的綠燈狀態；若介於 6～10% 間則為必須注意的黃燈區間；當 <6% 時就進入必須全面警戒的橙燈狀態）。為使尖峰季節的每日可調度發電能量最大化，一般都會在用電的離峰季節，安排發電機組的大保養或歲修作業；而為確保每日尖峰瞬間需求的滿足，每小時用電狀況的密切追蹤，以及每日可調度中載、尖載機組狀況的確實掌握，都是電力日常管理的要務，因為「唯有備變轉到位、才能應變有方」。

必須一提的是，由於備轉容量計較的是瞬間可具體提供的實際電量，不是抽象的平均值；因此在沒有儲電設施搭配情形下，必須「看天吃飯」而容量因素「平均值」又僅有 30% 與 18% 的風、光兩電，就成為很難被用來緊急調度的不可靠能源。

結語

本文利用幾個電力名詞的說明，與大家分享思考能源政策問題的一些基本門道。根據以上討論，目前的政府在能源政策的規劃與運作上，可歸納以下 2 大問題：

1. 能源選擇與配比的轉型操之過急：在可靠的替代能源尚無著落時，就超前廢掉了在基載中擔綱的核能。許多專家使用「轉型未成先餓死」來形容當前政府能源政策的基本困境。

2. 具體說，目前的政府所宣布 2025 年「燃氣 50%，燃煤 30%，綠電
20%」的能源配比政策，其實隱藏許多潛在危機。首先，基載能源
用中載性的燃氣擔綱，媒體形容是「拿魚子醬當飯吃」。燃氣發電
除了伴隨而來的安全存量風險所隱藏的國安危機外，相對較高的發
電成本，也終將導致「電價凍漲」政策必然遲早破功，最後仍須由
全體人民來承擔這一偏高電價的後果。另外，燃煤 30%，加上燃氣
50% 兩項基載能源所產生的大量污染，面對全球「2050 淨零目標」
風潮，未來恐怕會使台灣成為被國際拿來檢討的目標，甚至還將威
脅台灣出口導向的經濟發展。最後，容量因素極低的綠電，要擔負
20% 的台灣用電需求，所需裝置容量在建置上，前面已經論證並不
具有可行性。到時一旦證實綠電實際只能發出個位數的電量時，台
灣就會立即進入長期缺電的黑暗期 —— 這是一種明明可預見的「國
王新衣」後果，但是如果決策者不及早醒悟並調整因應，它就會
「一路走到黑」變成悔之莫及的事實！

　　因此，面對全球「2050 淨零目標」，我們必須要求政府，在充滿潛
在危機的 2025「燃氣 50%，燃煤 30%，綠電 20%」能源政策之外，立
即提出此後為達成「2050 淨零目標」的具體能源轉型路徑（包括各種節
能、減碳乃至零碳等措施）。因為唯有提出這種具體路徑並加以落實，民
生與工業用電才有明確的遵循方向，台灣在國際社會中也才可避免成為
眾矢之的。

　　最後，簡單談談核能安不安全的問題。英國政府在 2011 年日本 311
核災發生後，經過專業檢視所得到的政策結論是「核能只要有效管理，
是很安全的能源」（事實上，相對燃煤發電天天排放有害廢氣，對人體造
成不可逆的累積傷害，所引發的反而是個嚴重的必然性公共健康安全問

題）。所以，英國即使本身擁有北海的石油與天然氣豐富資源可供開採，但在孤立島國「當年」（按：近年英國已啟動數個連接歐陸電力網的計畫）沒有西歐電網可連網備援的獨立電網情形下，他們的能源政策採取務實的擁核立場（英國政府能源政策上所採的務實立場，其實是到今天都還是孤島型獨立電網的台灣，最應該參考的典範）。談到核電廠的有效管理，台灣電力公司過去的績效，一直在全球核電廠評比中名列前茅（日本核電管理績效長期以來都是國際評比的後段班，這也是它在海嘯天災之後，會發生人禍所導致核災的根本原因）。而對於核廢料問題，英國政府當年也做出了政策判斷：「將核廢料留置在儲存有核燃料的發電廠範圍內，並用相類似方式來保全，也是安全的；至於更長期的處理方式，可與國際同步思考對策，我們還有時間」。

總之，能源政策是科學問題，不是意識形態操作，也不是政治話術。任何表面上粉飾太平、心存糊弄的說法，最後都必須面對科學事實的冷酷檢驗；而用「認知作戰」方式人為湧高的海水面，在客觀的科學潮汐力量作用下，最終仍有退潮的一天，那時候就會知道「國王究竟有沒有穿衣服？」—— 很不幸，到時殘酷揭露的將是一個能源政策重大失誤的真相；而相關政策的決策者也都要背負難辭其咎的歷史責任！

台灣能源轉型與零碳政策之問題與建議

◎ 梁啟源　國立中央大學管理講座教授
　塗千慧　中華經濟研究院高級專案管理師

壹、2016 ～ 2025 年台灣能源轉型政策與面臨的 5 大問題

　　去年至今連續 3 次全台大停電。2021 年再生能源電源配比（6%）僅比 2017 年的 4.6% 增加 1.4 個百分點，而根據規劃未來 4 年需再增 14 個百分點；又 2021 年燃氣發電配比（37.2%）僅比 2017 年增加 3.3 個百分點，而未來 4 年卻需再增 12.8 個百分點，顯然目標過度高估。經濟部王部長 2022 年 1 月 3 日也首次公開承認因未來用電需求持續成長，2025 年再生能源將無法達到 20% 電源占比目標（見表 1），說明國人長期以來的缺電憂慮是有根據的。其實台灣未來要面臨的能源轉型問題不只是缺電還有碳排及汙染、區域供電失衡與電網崩潰風險、電價上漲與電費漲幅能否負擔、能源安全問題。殷望政府以此認識為基礎，修正國家的能源轉型政策。

表 1　台灣電源配比：目標與實際

單位：%

能源別	實際值					目標值	
	2017	2018	2019	2020	2021	2020	2025
再生能源	4.6	4.6	5.6	5.4	6.0	9	20
燃氣發電	33.9	33.5	33.2	35.7	37.2	36	50
燃煤發電	47.4	47.6	46.1	45.0	44.3	43	30
核能發電	8.3	10.0	11.8	11.2	9.6	—	0

資料來源：1. 實際值資料取自經濟部能源局，《能源統計月報：2022 年 2 月份》。
　　　　　2. 目標值資料 2020 年取自經濟部、2025 年取自行政院。

一、缺電

根據目前我國能源轉型政策，核電廠將於 2025 年前全部除役，至少影響 11% 備用容量率。除此之外，過去幾年再生能源發展均未如預期達標，燃氣方面，確定三接延擱 2.5 年且協和四接台中港擴大環評未過，以及民營電力採購案問題待解決，均將影響我國未來淨尖峰供電能力，產生供電警戒橘燈可能。據此，本文修正 2021 年 5 月公告之「108 ～ 109 年版全國電力資源供需報告」，預估未來至 2027 年前之備用容量率。

首先，本文將 2021 年尖峰負載、備用容量率、淨尖峰能力預期值改以實績值 3,879 萬瓩、13.5%、4,403 萬瓩表示，2022 ～ 2027 年尖峰負載以原規劃成長率輔以經濟成長率估計。

其次，因「108 ～ 109 年版全國電力資源供需報告」首度將 2024 ～ 2027 年之尖峰負載改以夜間尖峰負載表示，無法與前兩次報告或 2019 ～ 2023 年中日間尖峰負載作直接比較，故本文再將 2024 ～ 2027 年夜間尖峰負載改以日間尖峰負載表示[2]。

再者，太陽光電及風電的執行進度不如預期（參考表 2 及圖 1）。2021 年再生能源電源配比為 5.99%，為時 5 年，比 2016 年僅增 1.17 個百分點，而根據規劃未來 4 年需再增 14 個百分點，顯然目標過度高估。故本文依據去年再生能源目標規劃實際執行率約 5 成，假設 2022 ～ 2027 年未來每年增設再生能源目標規劃達標 5 成，則 2025 年累積再生能源達

---

[2] 因受天候影響，太陽光電供電能力係以裝置容量 25%、風電供電能力係以裝置容量日間 6%、夜間 11% 計算，因此 2024 ～ 2027 年淨尖峰能力計算方式為原夜間估計值＋太陽光電計畫年增裝置容量 × 0.25 － 風力發電計畫年增裝置容量 × 0.11 ＋ 風力發電計畫年增裝置容量 × 0.06。

標率將為 7 成[3]，占比為 10.8%[4]，據以推算 2019 ～ 2027 年我國備用容量率目標規劃。

表 2 太陽光電與風力發電裝置容量目標值與實際值

年	2017 年			2018 年			2019 年			2020 年			2021 年		
項目	目標值	實際值	執行率	目標值	實際值	執行率	目標值	實際值	執行率	目標值	實際值	執行率	目標值	實際值	執行率
單位	萬瓩	萬瓩	%	萬瓩	萬瓩	%	萬瓩	萬瓩	%	萬瓩	萬瓩	%	萬瓩	萬瓩	%
太陽光電	72	52.3	73	107	97.4	91.0	160	119.8	74.9	216.3	166.8	77.1	293	188.3	64.3
風力發電	3.8	1	26	5.3	1.2	21.9	17	14.1	82.9	91	0.85	0.9	49	9.6	20

資料來源：經濟部能源局，《能源統計月報：2022 年 2 月份》。

　　除此之外，在燃氣發電方面，因藻礁問題，第三天然氣接收站外推方案經評估需在原計劃工期再延宕 2.5 年時間，受燃料限制影響，2023 年淨尖峰能力將減少 103 萬瓩達 4,494 萬瓩、2024 年則將減少 139 萬瓩達 4,381 萬瓩。且 2027 年尚有協和四接環評問題影響 130 萬瓩，以及能源局規劃 2024 ～ 2027 年向民營電廠採購燃氣電力 490 萬瓩（2024 年 100 萬瓩、2025 年 150 萬瓩、2026 年 120 萬瓩、2027 年 120 萬瓩），目前僅一家得標（2024 年 110 萬瓩），這些都將影響 2025 ～ 2027 年供電。

---

[3] 2025 年太陽光電裝置容量將為 1,333 萬瓩，達標率為 66.7%（原目標量為 2,000 萬瓩），2025 年風力發電裝置容量將為 364.2 萬瓩，達標率為 56%（原目標量為 650.3 萬瓩），加計慣常水力、地熱、生質能、廢棄物，2025 年再生能源裝置容量達標率為 70.7%。

[4] 經濟部於 2022 年 1 月 5 日發布新聞稿表示，因我國經濟高度成長、半導體設廠及台商回流等因素，帶動用電及發電量，使 2025 年總發電量由 2,575 億度成長 23% 至 3,175 億度，在綠能裝置量不變情況下，分母變大使得原 2025 年再生能源占比目標 20% 降低至 15.27%，若達標率為 70.7%，則 2025 年再生能源占比為 10.8%。

資料來源：經濟部能源局，《能源統計月報：2022 年 2 月份》。

圖 1　太陽光電與風力發電裝置容量目標值與實際值

　　故本文除假設未來再生能源目標規劃達標率為 5 成，更考量 2023 ～ 2024 年受燃料限制影響淨尖峰能力下降、2025 ～ 2027 年新增燃氣電源規劃因民營電力採購案目前僅一家得標、協和四接延遲問題影響 2027 年淨尖峰能力下降，據以推算 2019 ～ 2027 年我國備用容量率目標規劃（參考表 3）。其中，2022 年因新桃電廠火災（60 萬瓩）加上大潭電廠因疫情影響（52 萬瓩）9 月之前無法供電，將減少 112 萬瓩或 2.8% 備轉容量率，成為 5.5%。

表 3　2019 ～ 2027 年我國備用容量率目標規劃：未來再生能源當年目標規劃達標 5 成、燃料限制、協和四接與民營電力採購問題

項目	日間尖峰負載									夜間尖峰負載			
	2019	2020	2021	2022	2023	2024	2025	2026	2027	2024	2025	2026	2027
尖峰負載（萬瓩）	3,707	3,771	3,879	3,994	4,087	4,183	4,313	4,421	4,518	3,946	4,069	4,171	4,262
淨尖峰能力（萬瓩）	4,329	4,391	4,403	4,525	4,421	4,646	4,750	4,934	4,997	4,363	4,435	4,610	4,664
備用容量率（%）	16.8	16.4	13.5	13.3	8.2	11.1	10.1	11.6	10.6	10.6	9.0	10.5	9.4
備轉容量率（%）	11.8	11.4	8.5	8.3（5.5）	3.2	6.1	5.1	6.6	5.6	5.6	4.0	5.5	4.4

資料來源：本文估算。

註：2022 年因新桃電廠火災（60 萬瓩）加上大潭電廠因疫情影響（52 萬瓩）9 月之前無法供電，將減少 112 萬瓩或 2.8% 備轉容量率，使原估計之 8.3% 備轉容量率降低為 5.5%。

　　由表 3 可知，2023 ～ 2027 年將發生備轉容量率低於 6%，供電警戒橘燈可能，2023 年甚至為 3.2%，未來停、限電幾無法避免，勢將影響國內投資信心及經濟成長。此外，本文更以 2021 年 7 月 27 日日間尖峰負載和夜間尖峰負載比 1.06：1，將 2024 ～ 2027 年日間尖峰負載換算為夜間尖峰負載，從而估算同時期夜間備用與備轉容量率（參考表 3），結果發現和日間差異不大，2024 ～ 2027 年夜間備轉容量率均低於 6%，為供電警戒橘燈，未來停、限電在日、夜都會發生。除此之外，本文亦估算在各種再生能源達標率下，2024 ～ 2027 年我國日間及夜間的備轉容量率（參考表 4），發現即使再生能源 100% 達標，日間雖可達 10.5%，夜間備

轉容量率仍將只有 6.4%，再生能源達標率愈高，日夜間備轉容量率差距
將愈大，如何確保電力系統的供電穩定，挑戰極大。

表 4　再生能源達標率與備轉容量率

單位：%

2022 ～ 2027 年 每年新增再生能源達標率	2024 年		2025 年		2026 年		2027 年	
	日間	夜間	日間	夜間	日間	夜間	日間	夜間
50%	6.1	5.6	5.1	4.0	6.6	5.5	5.6	4.4
60%	6.6	5.7	5.9	4.1	7.4	5.7	6.4	4.6
70%	7.2	5.8	6.6	4.3	8.2	5.9	7.3	4.8
80%	7.7	5.9	7.3	4.4	9.0	6.1	8.1	5.1
90%	8.2	5.9	8.0	4.6	9.7	6.2	9.0	5.3
100%	8.8	6.0	8.7	4.7	10.5	6.4	9.8	5.5

資料來源：本文估算。

二、排碳及汙染

2020 年度電力排碳係數為 0.502 公斤／度，據當年燃煤及燃氣每度
碳排量計算，2025 年在能源轉型順利達標的前提下，我國每度電力排碳
量將為 0.43，比 2017 年政府規畫值（0.39 公斤／度）高出 10%，並高於
目前美國的 0.418，以及歐盟的 0.294。2022 年 7 月 22 日政府最新估算
2025 年電力排放係數已向上修正為 0.424 公斤／度，接近上述筆者的估
計（0.43 公斤／度），但顯然仍過分樂觀，因如前述 2025 年能源轉型目
標必然落空。

因現有核能占比為 9.6%（參考表 1），2022 ～ 2025 年間將完全除
役。同時，燃煤占比亦將減少 14 個百分點，隨著近年台商回流及高科

技產業擴展，電力需求成長與替代再生能源進度落後及燃氣機組無法補上之下，為避免缺電，燃煤占比將不減反增，空汙及碳排問題會更加惡化，未來被歐盟課徵碳關稅將無法避免。

2027 年歐盟已通過開徵碳關稅。屆時台灣能源結構若無足夠調整，更將重創對歐出口。

三、區域供電失衡與電網崩潰風險

2021 年北部實際供電缺口為 150 萬瓩（平時尖峰）至 300 萬瓩（夏季尖峰）。在三接延擱 2 年供氣、影響大潭 8 及 9 號機組供電情況下，雖大潭 7 號機汰舊換新至 2024 年可淨增 31.3 萬瓩，但核二 2 號機（98.5 萬瓩）以及協和 3 及 4 號機（各 50 萬瓩）將分別於 2023 年以及 2024 年除役，2022 ～ 2025 年北部累計新增機組將比除役機組減少 167.2 萬瓩，故至 2025 年北部供電缺口將擴大為 317.2 萬瓩（平時尖峰）至 467.2 萬瓩（夏季尖峰），超過 300 萬瓩中 - 北輸電幹線可靠輸電能力。屆時，中北輸電幹線只要有任一電塔倒塌，將會出現北部甚至全國的大停電。

四、電價上漲與能否負擔漲幅

政府能源轉型計畫原預估 2025 年電價上漲 33%，但前提是油、氣及煤價維持 2017 年水準，即油價每桶 55 美元，煤價每公噸 90.5 美元，氣價每百萬英熱單位 10 美元。

設若油價漲到 100 美元，氣價與煤價同比例增加，而能反映真實成本的電價將高達每度 5.62 元，將漲 114%，高於 IEA 所列 32 國中工業用電中最高的德國（5.13 元／度）。而自烏俄戰爭開打以來，國際油價已破

每桶 100 美元，現貨煤價更突破每公噸 400 美元，氣價亦已漲 3 倍至每百萬英熱單位 30 美元。

比起燃煤及核能，再生能源和燃氣發電成本更高；未來提升其能源占比，還會進一步推升電價上漲，衝擊台灣產業的國際競爭與整體經濟發展。

五、能源安全問題

由進口能源依存度、能源集中度、高碳能源比重高於低碳能源、能源使用效率偏低、二氧化碳排放成長率偏高等 5 個指標來看，台灣能源安全度低於世界平均。且再生能源受氣候影響屬不穩定電源，若占比高將影響電網供電安全。

此外，台灣目前液化天然氣儲槽的週轉天數，全年平均為 13 天，夏季則僅 7 天，遠低於國際水準（如韓國 53 天、中國大陸 51 天及日本 36 天），實際安全存量更低，夏天颱風若肆虐一週，燃氣電廠將停擺，且未來燃氣占比將增為 50%，國家能源安全堪慮。

政府雖計畫增加天然氣儲槽能力，惟困難重重。如觀塘第三 LNG 接收站因顧及藻礁保育，建廠土地縮減，無法增加儲槽。一旦天然氣運輸船因天氣無法入港，未來靠觀塘接收站供氣的大潭電廠 8、92 兩座機組（112.5 × 2 萬瓩）將停擺。

六、小結與建議

因此，本文建議務實回應 2018 年「以核養綠」公投，讓既有 3 座核電廠延役，以避免發生缺電，亦不會有碳排污染、區域供電失衡、電價上漲以及能源安全問題。其中，核三廠兩部機組（95.1 萬瓩 × 2）無用

過核燃料貯存問題，受限於原能會修改辦法及延役審查時程，約有 1 年空窗期無法供電，亦即 1 號機最快於 2025 年 7 月可供電、2 號機最快於 2026 年 5 月可供電。核二廠兩部機組（98.5 萬瓩 × 2）受限於用過核燃料乾貯場無法興建，假若新北市可於今年底同意允許開始興建（目前正在最高行政法院審理，高等行政法院判台電勝訴，惟新北市向最高行政法院提出上訴），且因 1 號機運轉執照已過，除需政策同意外，更需立法院同意通過，加上原能會需修改辦法及審理延役時程，故 1 號機最快於 2025 年 8 月可供電，2 號機最快於 2025 年 10 月可供電。核一廠兩部機組（63.6 萬瓩 × 2）則因如核二廠 1 號機同樣面臨運轉執照已過，且無法啟用室外乾貯場，兩部機組最快於 2025 年 7 月可供電。假若讓既有 3 座核電廠延役，可使原 2025 ～ 2027 年備轉容量率提高至 10% 以上（參考表 5），由供電警戒的橘燈轉為供電充裕的綠燈。

表 5　2019 ～ 2027 年我國備用容量率目標規劃：未來再生能源當年目標規劃達標 5 成、燃料限制、協和四接與民營電力採購問題、既有 3 座核電廠延役

年	2019	2020	2021	2022	2023	2024	2025	2026	2027
尖峰負載（萬瓩）	3,707	3,771	3,879	3,994	4,087	4,183	4,313	4,421	4,518
淨尖峰能力（萬瓩）	4,329	4,391	4,403	4,525	4,421	4,646	5,169	5,448	5,511
備用容量率（%）	16.8	16.4	13.5	13.3	8.2	11.1	19.9	23.2	22.0
備轉容量率（%）	11.8	11.4	8.5	8.3（5.5）	3.2	6.1	14.9	18.2	17.0

資料來源：本文估算。

註：若既有核三廠兩部機組（95.1 萬瓩 × 2）、核二廠兩部機組（98.5 萬瓩 × 2）、核一廠兩部機組（63.6 萬瓩 × 2）延役，3 座核電廠可望於 2025 ～ 2026 年間供電，可使原 2025 ～ 2027 年備轉容量率從 5.1 ～ 6.6% 提高至 14.9 ～ 18.2%。

貳、2050 年台灣淨零排放規劃之四大挑戰

國發會於 3 月 30 日公布「台灣 2050 淨零排放路徑及策略總說明」，本文將指出其存在無碳能源配比難以達標、再生能源的穩定供應問題、氫能與碳捕捉再利用及封存技術（CCUS）發展困難、能源效率難以提高及預算難以籌措等 4 項挑戰，以供政府參考。

一、無碳能源配比難以達標

2050 年台灣電源配比中的「再生能源、氫能、配備 CCUS 的火力機組，與抽蓄水力」或供能不穩定，或在台灣發展困難，卻未納入供能穩定、占 IEA 全球能源配比 8%、台灣也有發展基礎的核能。對比之下，與台灣同為獨立電網的日本及韓國，日本核電占比卻將由 2020 年之 4.2% 增為 2030 年之 20 ～ 22%（參考表 6），韓國前任政府雖計畫將核電比率由 2020 年的 27.7% 減為 2050 年的 7.2%，但 2022 年新任政府認為減核是「愚蠢」政策，2050 年核電占比將增為 30%。

2020 ～ 2050 年間，台灣規劃再生能源占比由 5.4% 增為 60 ～ 70%，需增 54.6 ～ 64.6%，遠高於日本 29.1 ～ 39.1% 增幅。不過發展再生能源需要土地，台灣地狹人稠的程度卻遠大於日本（2020 年台灣每平方公里 658.4 人，近日本 345.2 人的兩倍，亦為韓國 516.2 人的約 1.3 倍）。

光電及風電擬由 2021 年的 8.8GW，增為 2030 年的 43.1GW，平均年增約 3.8GW；似過度樂觀，因 2015 ～ 2021 年實際上每年平均僅增加 1.2GW。因太陽光電布設除受土地限制外，尚有地權分散以及電網等限制，也有破壞生態景觀、居民及環保團體抗爭等問題。

光電發展若難以達標，綠能要在 2050 年升到 60 ～ 70% 極為困難。
風電方面，過去 5 年的執行率僅約 20%。主要為陸上風機受居民及環保
團體反對，增設不易。離岸風機則因政策上欲兼顧推廣與發展國內自主
產業目標，難免顧此失彼，影響推廣進度

表 6　2020 ～ 2050 年全球、日韓與台灣發電占比

單位：%

項目	2020 年						2050 年				
	再生能源	核能	燃煤	燃氣	燃油	抽蓄水力及其他	再生能源	核能	火力 + CCUS	氫氣	抽蓄水力及其他
全球 [1]	29	10	35	23	3	0	88	8	2	2	0
日本 [2,3]	20.9	4.2	30.2	36.9	3.7	4.1	50 ～ 60	30 ～ 40		10	0
南韓 [2,4]	6.7	27.7	37.2	26.5	1.1	0.8	70.8	6.1	0	21.5	1.6
							60.9	7.2	18.8	10	3.1
台灣 [5,6]	5.4	11.2	45	35.7	1.6	1.1	60 ～ 70	0	20 ～ 27	9 ～ 12	1

資料來源：1. IEA（2021），"Net Zero by 2050: A Roadmap for the Global Energy Sector," Paris:
IEA, reporter retrieving from website: https://www.iea.org/reports/net-zero-by-2050。
2. IEA（2021），"Monthly Electricity Statistics," data retrieving from website: https://
www.iea.org/data-and-statistics/data-product/monthly-electricity-statistics。
3. 日本經濟產業省資源與能源廳，「2050 年碳中和綠色成長戰略」，參考網址：
https://www.enecho.meti.go.jp/about/special/johoteikyo/green_growth_strategy.html。
4. 南韓碳中和委員會，「2050 年碳中和規劃」，參考網址：https://cleanenergynews.
ihsmarkit.com/research-analysis/south-koreas-climate-roadmap-fails-to-impress-
businesses-envir.html。
5. 經濟部能源局，《能源統計月報：2022 年 2 月份》。
6. 國發會，「台灣 2050 淨零排放路徑及策略總說明」，2022 年 3 月 30 日。

二、再生能源的穩定供應問題

台灣因水力及地熱資源不足，2050 年目標再生能源將以太陽光電及

風力發電為主。因夏季為用電尖峰，風力卻小，太陽光電則夜間無法供電，需穩定的電源提供備轉容量，否則日間不缺電，夜間則會短缺。

光電會在夜間斷供，還需其他穩定電源。以 2021 年 7 月 27 日用電尖峰日觀察，日間尖峰負載和夜間尖峰負載僅差距 6%。若太陽光電占比大幅提升，夜間備載容量也需大幅增加，會是重大挑戰。以今（2022）年 7 月 20 日的日夜尖峰備載容量率分別為 11.35% 及 7%，兩者差距為 4.35%。目前再生能源占電源比率僅 6%，若達 60 ～ 70%，日夜間尖峰負載率差距可能高達近 50%。

儲電雖是可能解方（一般認為需有再生能源 20% 容量）；但電池只能放電 0.5 ～ 2 小時且成本高昂；大量設置也會有土地取得、居民反對等困難。抽蓄水力是另一種儲能方式，但環保考量增設不易，以政府目前規劃也僅占電源 1%。

三、氫能與碳捕捉再利用及封存技術（CCUS）發展困難

氫的熱值不到天然氣的三分之一，且目前尚無純燃氫鍋爐技術，雖可試與燃氣混燒，但氫能比率不高。而氫氣發電最大問題是其來源。氫之產生不外乎「綠氫（再生能源電力分解水）」及「藍氫（利用天然氣或煤產氫）」，前者恐因再生能源發展困難難以支應，後者仍須搭配 CCUS 處理二氧化碳，國內難以執行。由熱值換算，若採進口氫價加運費應為天然氣 3 倍以上，且能處理 CCUS 之輸出國主要是澳洲，來源有限。

發展 CCUS，相當耗電，用電量約發電量的 3 成。若按政府預估 2050 年火力發電加上 CCUS 的發電占比為 20 ～ 27%，實際上發電效果須再打折，而為 14 ～ 19%。而且台灣欠缺適合發展 CCUS 所需能夠儲油、氣的地質結構，環保團體及居民也難以接受。

四、能源效率難以提高及預算難以籌措

經濟部設定 2021 ～ 2050 年經濟成長率 2.62%，國發會設定能源需求年成長率控制在 −0.1 ～ 0.5% 之間，這代表能源效率需提升 2.12 ～ 2.72%。要提升能源效率，政府需採行能源價格合理化、碳稅、碳交易等政策。然而推升油、電價格，又與穩定能源成本之政策目標（凍漲）牴觸，造成施政兩難。

再者，9,000 億規劃預算中，半數來自台電及中油兩公司。然兩公司因價格無法反映成本，台電 2022 年上半年預估虧損 800 億元（累積虧損預估 1,200 億元），全年預估虧損逾千億元；中油 2022 年上半年已虧損 555 億元（累積虧損 869 億元），全年預估累虧達 1,800 億元，超過 1 個資本額（1,301 億元）。台電尚有核四近 3,000 億元的虧損需彌補，如何期待兩公司再提供資金？

參、結論

政府再生能源發展及燃氣電力低於預期，2023 年後缺、停電機率將遠高於現在。建議務實回應「以核養綠」公投，延役核一、核二、核三廠，避免缺電、排碳、電價上漲、區域供電失衡及能源安全問題，影響台灣長期國際競爭力、經濟成長與就業。

其中，核廢料 30 ～ 40 年內採用乾式儲存處理，並以無人外島，或透過境外合作以無人區為最終存放場址，或可研發應用新型核電技術。如能朝此方向調整政策，能長期兼顧穩定供電和減碳。

此外，政府宜考量國內能源發展限制，參考 IEA 及日本無碳能源結構，並設定碳減量分期目標，以及可執行之政策工具。

再生能源行，不行？

◎ 陳中舜 中華經濟研究院助研究員

前言

為使地球升溫控制目標得以轉化為明確的減量要求、並控制排放限額——即碳預算（carbon budget），IPCC 於 2018 年發布了《全球暖化 1.5°C 特別報告》，透過綜整多組模式模擬的結果，指出若要達到世紀末升溫不超過 1.5°C 的目標，至 2030 年全球二氧化碳（CO_2）排放量需較 2010 年的排放水準降低 45%；而到了本世紀中葉，亦即 2050 年左右，則需要更進一步達到「淨零排放」（Net Zero Emission）或「碳中和」（Climate Neutrality）。這個分析結果給予世界各國一個明確的訊號，宣告為達全球環境目標，在國家層次也應於世紀末中葉達成淨零排放。而在 2021 年底於 UNFCCC 第 26 次締約國會議（The 26th Conference of Parties，COP26）中所形成的決議中，亦再次確認「巴黎協議」必須達到本世紀末控制溫升在 1.5 ～ 2°C 之內的急迫性，並依據科學評估報告提及，2050 必須達到淨零排放，同時 2030 年二氧化碳的排放量也必須相對於 2010 年減少 45%，此亦是近年為何各國紛紛提倡於 2050 年前後達成淨零排放目標及提升減碳企圖心之主要依據。

截至目前為止（2022 年 6 月），英國獨立諮詢機構（Energy and Climate Intelligence Unit，ECIU）彙整的國際淨零宣示進度顯示，全球已超過 130 個國家宣示或正在規劃淨零排放目標，也有超過 120 個國家設定 2050 年是實現淨零排放目標的里程碑。目前有 17 個國家或主體，包含如瑞典、英國、法國、紐西蘭、德國、匈牙利、丹麥、盧森堡、葡萄牙、歐洲聯盟（European Union，EU，簡稱歐盟）、日本、西班牙、加拿大、愛爾蘭、南韓、斐濟、俄羅斯，其已透過立法方式，在相關法律中明訂淨零排放目標，使其成為正式受到法律規範（legal binding）的國家目標，以展現國家積極減量的企圖心。

為什麼再生能源很重要？

得力於各國減排目標的加嚴與落實，支持著再生能源的迅速發展與布建，並為全球電力部門開創了新局。尤其如太陽光電、風力發電等能源，兩者持續走低的均化成本（levelized cost of energy, LCOE），更是在多數市場上擁有壓倒性的價格競爭力。事實上，無論是從政府間氣候變化專門委員會（Intergovernmental Panel on Climate Change, IPCC）、國際能源署（International Energy Agency, IEA）、彭博新能源財經（Bloomberg New Energy Finance, BNEF）或其他國際主要顧問機構的研究，為達成2050淨零排放的目標，必須大幅提高各類再生能源使用比例已成世人共識。另一方面，相較於其他部門，電力部門往低碳、去碳化轉型將更為容易，且技術也較為完備，因此必須擔負在2030年前諸多減碳的責任，甚至在2040年則需優先達到零碳排、負碳排的程度。

BNEF認為在2020～2030年期間，將有超過四分之三的減排工作落在電力部門，尤其是快速增長中的風電和太陽光電發電上。到2030年，全球每年平均增加505GW的新風電、455GW的新太陽光電和245GWh的新電池存儲裝置容量。這比2020年增加的風電量多5.2倍、太陽光電量的3.2倍，是電池儲存量的26倍。到2030年，全球風電裝機容量達到5.8兆瓦（TW），光伏發電裝機容量達到5.3兆瓦，電池裝機容量達到2.5TWh（10億度電）。這些總數分別比2020年增加了8倍、9倍和176倍。2050年時風電和太陽光電占BNEF推估場景中減排量的59～65%。而幾年來，風電和太陽能發電的新投資一直持平於每年3,000億美元左右，根據不同情境，2021～2030年期間，這投資需要上升到每年7,630億美元～1.8兆美元之間，才足以實現淨零。

　　無獨有偶地，IEA 對此也持相近的看法，如表 1 所示。根據該機構的預估，2030 年世界經濟將比目前增長約 40%，但能源消費卻減少 7%。有必要在全球範圍內大力提高能源效率，使電源強度於 2030 年之前每年平均降低 4%，降低速度約為過去 20 年平均水準的 3 倍。越來越便宜的再生能源技術，使電力在通向淨零排放的競賽中脫穎而出。2030 年前，太陽光電每年新增裝置量 630 GW，風電每年新增裝置量 390 GW，增速達到 2020 年紀錄水準的 4 倍。在 2030/2050 再生能源發電量將分別達到 61% 與 88%，這其中太陽光電與風電則共占據了 2/3 及 7/9 的比例。同時，電池儲能也將從 2020 年時的 18GW，擴張成 2030 時的 590GW、2050 年則為 3100 GW。為因應如此大的變革，並使電力能被更有效率應用，各期電網投資也將來到 8,000 億美金之譜，約占全球電力系統各階段投資的 3 成。

表 1　IEA 2050 淨零路徑下電力部門的重點發展項目

Category	
Decarbonisation of electricity sector	• Advanced economies in aggregate: 2035. • Emerging market and developing economies: 2040.
Hydrogen-based fuels	• Start retrofitting coal-fired power plants to co-fire with ammonia and gas turbines to co-fire with hydrogen by 2025.
Unabated fossil fuel	• Phase out all subcritical coal-fired power plants by 2030 (870 GW existing plants and 14 GW under construction). • Phase out all unabated coal-fired plants by 2040. • Phase out large oil-fired power plants in the 2030s. • Unabated natural gas-fired generation peaks by 2030 and is 90% lower by 2040.

Category	2020	2030	2050
Total electricity generation (TWh)	26,800	37,300	71,200
Rencwables Installed capacity (GW) Share in total generation Share of solar PV and wind in total generation	2,990 29% 9%	10,300 61% 40%	25,600 88% 68%

Category	2020	2030	2050
Carbon capture, utilisation and storage (CCUS) generation (TWh)			
Coal and gas plants equipped with CCUS	4	460	1,330
Bioenergy plants with CCUS	0	130	840
Hydrogen and ammonia			
Average blending in global coal-fired generation (with out CCUS)	0%	3%	100%
Average blending in global gas-fired generation (without CCUS)	0%	9%	85%
Unabated fossil fuels			
Share of unabated coal in total electricity generation	35%	8%	0.0%
Share of unabated natural gas in total electricity generation	23%	17%	0.4%
Nuclear power	2016-20	2021-30	2031-50
Average an nual capacity additions (GW)	7	17	24
Infrastructure			
Electricity networks investment in USD billion (2019)	260	820	800
Substations capacity (GVA)	55,900	113,000	290,400
Battery storage (GW)	18	590	3,100
Public EV charging (GIV)	46	1,780	12,400

Note: GW = gigawatts; GVA = gigavolt amperes.
資料來源：IEA（2022）NZE。

綜觀未來全球電力部門趨勢，可得出以下 3 個要點：

1. 電力部門是 2030 年前全球減排的先鋒，2030 年之後各部門減排的基石。
2. 太陽光電與風電將是未來全球電力一半以上的來源。
3. 目前對於電力系統的投資仍必須大幅增加，才能支持去碳化的長期轉型。

為何水到渠難成？

然而隨著太陽光電、風電這兩大類的波動性再生能源（Variable renewable energy, VRE）的大量部署，其在系統中難以接受調度的問題卻

越漸彰顯，諸如：太陽光電造成的鴨子曲線（Duck curve）、極端氣候的
供電韌性、供過於求所導致負電價或棄電頻繁發生等，如圖1。為此必須
在整個電力系統增設諸多新設備與技術服務，尤其是可快速起降的燃氣
機組或是儲能，才足以維持穩定供電，但這亦將導致供電成本與用戶電
費的上升。另外過去基於鼓勵再生能源設置，所設下的種種補貼與特許
（如躉購電價、優先上網權），其對電力市場產生的嚴重扭曲，更是進一
步推升了當前問題的複雜度。

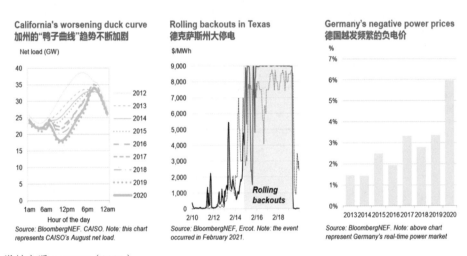

資料來源：BNEF（2021）

圖 1　近期高比例再生能源所引發之電力風險

能源轉型會有什麼風險？

IEA 對上述問題也表達了相當的憂心，如表 2 所示。隨著電力部
門能源轉型的發展，該機構對於 5 大技術趨勢，分別列出 6 大不確定項

目。單就以擴大 VRE 此一項目來看，其對於減少化石燃料依賴是有正面助益的（綠色中圈），但卻為系統彈性、充裕度帶來負面影響。而對於氣候適應性與複合事故發生率，呈現相當程度的不確定性。

　　若再將 VRE 的影響擴大，系統將出現火力機組縮減、核電與大水力機組占比降低、分布式能源擴張、系統數位化等新趨勢。而數位化，除了要有效控管資訊安全所帶來的不確定外，對於防免其他風險都是有助益。分布式能源的不確定性，則是集中在穩定供給與資訊安全方面。實際上，這兩大新技術趨勢的發展，將更有助於鞏固高比例的 VRE 電力系統，利於做出更即時、更接近需求的決策。

　　相較於數位化、分布式能源的長期影響，火力機組縮減、核電與大水力機組占比降低所導致的影響，則來得更為顯著與快速。對系統彈性與充裕度產生重大的衝擊，氣候適應則呈現中度的不確定性，而這些影響正好也呼應上圖 1 的結果。

　　若就單項趨勢來看，核電與大水力機組占比降低所造成的風險影響將是最為嚴重。事實上，根據統計，直到 2019 年，大水力與核電仍是全球前兩大潔淨電力的來源，分別占總電力供給的 16% 與 10%。特別值得注意的是，這兩項技術都具有可調度的特性，這也是目前 VRE 技術尚難以達成。若更進一步說明，火力機組、大水力及核能這類大型傳統機組，因為機械設計的特性，所以可以提供轉動慣量，作為系統即時電壓、頻率變動時的支持，得以確保系統運轉的穩定。反觀 VRE 這類能源，因為需透過電力電子元件輸出，雖然也可以製造虛擬慣量，但需要降載、可控並需要接受調度，都會有相當的技術門檻和增加成本。必要時尚需依賴輔助服務的補充，尤其是電池，作為系統支持之用。

表 2　能源轉型下電力系統的 5 大趨勢與 6 大不確定性

五大趨勢	系統彈性	燃料安全	充裕度	氣候適應	資訊安全	複合事故
間歇性再生能源顯著增加	●	●	●	◒	●	◒
火力機組縮減	●	●	●	◒	●	●
核電與大水電占比持續減少	●	●	●	◒	●	◒
分布式能源	●	●	◒	●	◒	●
數位化	●	●	●	●	◒	●

Impact on security
● = increased
● = decreased
● = neutral
◒ = uncertain or depends on implementation

Relative importance
● = low
● = medium
● = high

資料來源：IEA（2020）

再生能源安全嗎？

　　當前再生能源獲得了各國政策的大力支持，也引導了投資者的偏好與金錢。如圖 2 所示，從 2018 以來，潔淨能源的年度投資金額幾乎都是化石能源的 2 倍，最為明顯的，既使在疫情期間，潔淨能源的投資仍繼續維持上漲。IEA 預估 2022 ～ 2030 年間，會有更多的能源開發經費從化石燃料流入潔淨能源。這種資金的快速移轉，有可能使得能源轉型期間化石能源供給不足，而失序的投資亦將導致能源市場更為動盪。

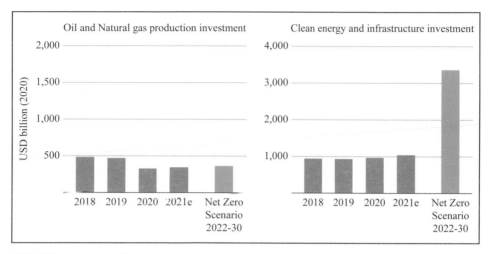

資料來源：IEA（2021）

圖 2　化石能源與再生能源投資預測

　　各界都知道的，為了解決 VRE 的波動性問題，負載可快速起降的天然氣機組，仍是未來維持電力穩定的重要支柱。然而這幾年來國際天然氣價格的波動，從最低點的 1.66 至今的 8.767，高達 428% 的漲幅也著實讓人吃驚。就我國為例，2020 年全年天然氣進口支出，已達到 5,581.48 百萬美元，約等於同期我國對外出超的 9.9%。到了 2021 年天然氣進口支出更創新高，來到 10,986.78 百萬美元，約等於對外出超的 16.9%。而兩年間實際進口量僅增加 7.2%，但進口金額卻多了 96.8%。

　　雖然說近期烏俄戰爭對天然氣價格飆高影響顯著。但長期來看，全球基於減煤及穩定供電的需要，對天然氣需求仍會增加。尤其是過去東亞國家賴以維生的液態天然氣（LNG），由於俄羅斯斷氣的風險仍在，諸多歐洲國家也將從管道運輸改為採購部分 LNG。此將進一步加劇全球

LNG 的市場競爭，而再度推升 LNG 採購價格或是支持其在高位。這種
LNG 供應緊張的情況，預計至少要到 2030 年後，才有可能逐步舒緩。
另基於鞏固能源安全與減排之需要，世界前 4 大 LNG 進口國：中國、日
本、韓國與印度，近期皆陸續宣布了本國續用或擴大使用核電之計畫。
唯獨名列第 5 大 LNG 進口國的台灣，對續用核能仍持反對的態度。

　　而值得注意的，傳統化石燃料因為具備高能源密度（MJ/CM^3）／高
能源比重（MJ/Kg）及燃燒高溫（> 600°C）的特性，這是目前多數再生
能源尚無法比擬的。其指出了一個重點：就以目前的技術水準與資金需
求來看，再生能源中、短期內並不能完全替代化石能源。換言之，所謂
淨零排放，並不是完全停用化石燃料，而是更有效率的使用、減少溫室
氣體進入大氣的量並導入負碳技術（Carbon Negative）作為補償。（1）
如何確保傳統能源穩定有序的轉型，與（2）循序漸進導入潔淨能源，兩
者對一國電力系統乃至全球永續發展具有相同的重要性。

如何有序的能源轉型？

　　如何確保能源系統的穩定轉型，尤其是電力部門，現已成為各國
政府推動淨零排放最是當務之急的工作。政策設計方向也從過去的積極
鼓勵再生能源併網，逐步轉向為確保系統的靈活度。IEA（2019）依據
VRE 併網的不同比例，劃分了 6 個階段，並對這些階段的系統提出了不
同的建議（如下圖 3）。

　　第一階段：僅部署少量波動性再生能源發電，對系統基本上不構成
影響；只會造成極小的局部衝擊，例如在發電廠的併網點。

第二階段：隨著波動性再生能源發電容量的增加，負載與淨負載之間的變化日益明顯。改進系統運行方式主要是更有效利用現有系統資源，通常即可滿足系統併網要求。

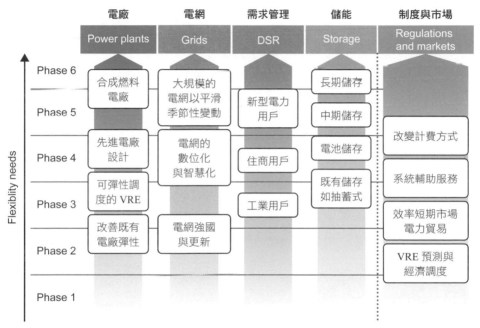

As flexibility needs increase, they place increasing demands on power plants, grids, demand-side flexibility and storage, with implications for regulatory and market design

Note: DSR = Demand-side response.

資料來源：IEA（2019）

圖 3　不同 VRE 比例下彈性電力系統之建議

第三階段：要達到供需平衡的難度更大，需要有系統性地提高系統整體靈活性，僅靠既有設施和營運方式改善，已難以滿足此一需求。

第四階段：在某些特定時段（電力需求低、波動性再生能源發電量高），波動性再生能源發電量足以提供系統大部分電力需求。在此情況下

需要對系統營運和監管方式做出調整。從營運的角度，這一階段涉及到電力系統在系統受到擾動後迅速回應的方式，因此這個階段與電力系統的穩定性有關；從監管的角度，這個階段可能涉及到規則調整，使波動性的再生能源發電也需承擔，如一次調頻和二次調頻等頻率響應服務的責任。

第五階段：此階段增加波動性再生能源意味著其發電量經常超過電力需求，如果沒有額外處理方式，將導致出現淨負載的結構性過剩，增加棄電風險，將用電需求向波動性再生能源發電量較高的時期轉移，以及通過電氣化創造新需求，解決這個問題。另外一種可能性是增加與相鄰系統的電力交換，在這個階段，某些時期的需求可能完全由波動性再生能源發電供應，不需要火電提供負載。

第六階段：在這個階段，提高波動性再生能源占比的主要挑戰是：在風電和太陽光電可用率持續較低時（比如數週）如何滿足電力需求，以及供應不易於電氣化的應用需求。因此，這個階段則需要加入季節性儲能，及應用氫等合成燃料。

儘管各階段所需之技術、制度與市場各有差異，但整體而言，現有電力系統轉型為可容納高比例波動性再生能源高的電力系統需要仰賴以下三方面的改變：（1）系統營運和市場規則；（2）先進技術的部署；（3）更適合再生能源發展的政策與市場設計架構。

台灣缺電嗎？

就以我國過去能源轉型作為及長期淨零排放的規劃，多倚賴政策指示與技術引進、國產化為基調，對於電力市場的開放與應用卻付之闕

如。這也使得各項稀有資源被錯置、價格嚴重扭曲，進而加劇了能源轉型過程中系統彈性不足、供電穩定不易的衝擊，其影響也被反映在歷次的大停電事件中，與近期頻頻發生的各項供電品質事故與缺電爭議上。

這裡必須特別說明，「缺電」其實是一種源自於統計「標準差－信賴區間」的概念，用以確保電力供應能滿足所需。反映此概念的備轉容量率則是必須要隨著系統中各類電力配比的變動而有所調整。過去因為是採用火、核與大水力的組合，相對來說這個供電組合容易調度，故其標準差小較小，系統也較為穩定。一般來說，可以用系統中最大機組容量，或參考過去需求變化量訂出 10% 的標準。

但在能源轉型的系統中，因為大量加入了再生能源，尤其是太陽光電與風電這類波動性能源，將會拉大系統供電的標準差，這時原本 10% 與最大機組的標準就需要另外考量再生能源的不確定性和不可控性，有必要做出適當的修正。此外，台灣過度集中的大型機組（如大潭電廠），當該廠或週邊設施出事時，需百分之幾的備轉容量率才夠救援？因為不確定因素很多，所以這個備轉容量與備轉容量率是必須經由「可靠度委員」視實際狀況來經常性修定的。不管如何，根據國際當前經驗與當前技術能力，在引入大量波動性再生能源後，備轉容量率提升都是必須的。

缺電也是一種「風險」的概念，以 IEEA 的說法，風險＝發生機率 × 災損程度，一般來說，因為大停電所導致的經濟損失龐大且不易控，所以電業會先致力於降低發生機率，以避免傷害公司獲益。這也就彰顯了，電業與用戶間購售電契約本身的合約價值。近期最有名的案例，莫過於 2017 與 2018 年的北美野火造成用戶權益受損，在求償過程中致使美國最大電業太平洋瓦斯與電力公司（Pacific Gas and Electric Company,

PG & E）向加州政府申請破產保護。[5,6] 但如果災損皆是由全體用戶一起來賠，那企業又何來降低發生事故機率的積極動機？

在我國有些專業人士認為，我們應該更加速需量反應的規模，好因應每年僅約 200 小時的尖峰。這樣就可以避免增設備用機組及所需投資。確實國外也有類似的作法，但問題在：

1. 蓋一座新電廠的均化成本與需量反應價格，孰高孰低？就以目前台電交易平台上的輔助服務而言，能量價格 1 度可以賣到 10 元，此尚不含容量競標的價格。

2. 我國以前常用的多日平均式需量反應，即時貢獻可靠嗎？而能確實保證供給的，如需量反應緊急通知型每度流動電費扣減為 10 元，約定保證型每度流動電費扣減為 12 元，此亦不含基本電費的額外扣減部分。

3. 隨著夜尖峰的問題越來越嚴重，每日太陽光電的缺口，要用多少需量反應與儲能來解決？事實上，近日台電多起的區域停電事故皆發生夜晚。在能源局最新公布的 110 年度全國電力資源供需報告，也點出了夜間尖峰越形惡化的問題。

而對於用戶來說，過去希望削峰填谷，透過白天時的高電價，鼓勵做負載轉移。而今夜間用電吃緊，又要配合做需量反應，如此經常性「自主停電」真的合理嗎？如果 1 年中，必須長期且大量用到相對高價的

---

5   https://newtalk.tw/news/view/2019-12-18/342304。

6   https://gordoncheng2.wordpress.com/2019/12/30/%E9%80%8F%E8%A6%96%E7%BE%8E%E5%9C%8B%E5%8A%A0%E5%B7%9E%E5%85%AC%E7%94%A8%E4%BA%8B%E6%A5%AD%EF%BC%9A%E5%9C%A8%E9%87%8E%E7%81%AB%E5%A8%81%E8%84%85%E8%88%87%E7%A0%B4%E7%94%A2%E4%B8%AD%E5%A4%AA%E5%B9%B3/。

輔助服務及需量反應，基於系統經濟性，是否更應該考慮增設可快速起降的常規發電機組？

另外，若將缺電視為「風險」，根據經濟學的說法：處理風險最佳的方式就是保險。既然是保險就非一體適用，而是要依每位要保人的需求與財力來客制化商品，並反映在價格上以引導系統做出最適之分配，這也才是支持發展智慧電網、分布式能源與電力市場的真正意涵所在。

為何電力市場很重要？

截至今年為止，如圖 4，綜觀全球已有 50% 的電力是來自不同開放程度的電力市場。若是中國的電業改革也能如期、如質完成，屆時將會提高至 76% 的電力是透過市場交易來達成的。既使如紐西蘭、新加坡這類人口與用電量皆小餘台灣甚多的國家，也早已相繼完成了電力市場全面自由化。東北亞諸國中，也僅剩北韓電業市場自由度程度不及我國。

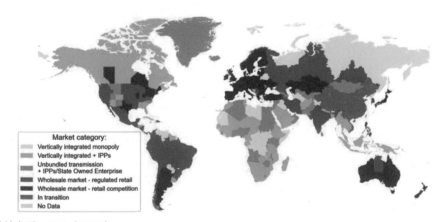

資料來源：IEA（2022）

圖 4　全球電力市場開放程度比較

再從 IEA（國際能源署）、IRENA（國際再生能源署）、EPRI（美國電力研究所）、BNEF（彭博新能源財金）、WEF（世界經濟論壇）、REN21（21 世紀再生能源政策網公司）、IERE（國際電力研究交流協會）等機構亦不約而同的指出，再生能源唯有透過持續精進高精度的短期電力自由市場交易，才能發揮其應有的價值並擴大市場滲透率。根據歐洲標竿電業的看法，如圖 5，如何從用戶的觀點，透過市場將再生能源做最適分配（如分布式使用、零售、儲能、電動車及各類服務），使其效益最大化，這亦是未來商機的所在。

為何建立一個自由的電力市場有如此重要？這必須從路徑依賴理論（Path Dependence）來看。拜工業革命之賜，近代人類文明主要是建立在化石能源的使用上，相對的穩定、大量、廉價與高品質是其特徵。然而長期缺乏節制的使用，除了導致氣候異常與環境衝擊外，更深層的是全球經濟型態業已形成所謂的碳鎖定（Carbon Lock-in）現象。在 2018 年 IPCC 所出版的 1.5°C 特別報告中，其針對 4 個未來淨零情境也出現了類似的說法。人類必須改變現有生活習慣、生產方式與經濟活動，或是投入更多的低碳技術與負碳技術。然而這種改變，對當前的人類來說，是深切且困難的。

依據 1993 年諾貝爾經濟學獎得主 Douglass Cecil North 的說法，所謂路徑依賴是指：一個具有反饋（feedback）機制的系統，當一外部偶發事件或衝擊被系統所吸收，促使系統沿著一定的路徑演進，進而排斥其他潛在的選項。根據路徑依賴可以發展成兩種途徑：

【諾斯依賴（1）】沿著既有路徑，制度的演變透過反饋機制的調和，往正向良性的優化。

Utility business strategies

Business		Enel	E.ON	Innogy	EDF	NextEra	AGL
上層 Upstream gas and generation	可調度電廠	Reduce comphasis	Spin/Carve out	Maintain	Growth	Growth	Maintain
	再生能源	Growth	Growth	Growth	Growth	Growth	Growth
	油、氣上游	Not active	Spin/Carve out	Not active	Maintain	Reduce comphasis	Reduce comphasis
中層 Midstream	氣中游	Maintain	Maintain	Not active	Growth	Growth	Maintain
	傳輸	Not active	Not active	Not active	Not active	Growth	Not active
	能源貿易	Maintain	Spin/Carve out	Not active	Reduce comphasis	Maintain	Maintain
下層 Downstream	分布式資源	Growth	Growth	Growth	Maintain	Growth	Not active
	零售	Growth	Growth	Growth	Growth	Maintain	Growth
	住宅服務	Growth	Growth	Growth	Exploring	Maintain	Growth
	商業服務	Growth	Growth	Growth	Growth	Growth	Growth
	電池儲能	Growth	Growth	Growth	Exploring	Growth	Growth
	電動車設施	Growth	Growth	Growth	Exploring	Exploring	Exploring
		Spin/Carve out	Not active	Reduce comphasis	Maintain	Exploring	Growth

資料來源：BNEF（2021）

圖5　世界6大標竿電業商業策略比較

【諾斯依賴（2）】順著既有路徑，制度的演變受到反饋機制的影響，而往負向惡性的發展。

而經濟體一旦走上某一軌道，它的既定方向會在後續的發展中得到強化，所以過去的選擇決定了現在可能的選擇。而決定諾斯依賴（1）或

（2）的關鍵，即在於是否有一個支持反饋機制的可公平競爭市場存在，而能使系統免於崩潰。

只要這個市場是競爭性的（如完全理性、資訊透明和零交易成本）或者大致接近於零交易成本的模型，一旦給定偏好，經濟發展的長期路徑就會呈現有效性的特徵。反之如果市場是不完全的（如有不當外力介入），資訊是不透明或片段的，再加上交易成本十分顯著，那麼決策者的主觀判斷將會被不完全的資訊與既定路徑的意識形態所掌控，路徑依賴將會是持久的，而且不良的經濟效率將處於支配的地位。

換言之，無論有沒有再生能源，一個可運作的自由化電力市場，是促進電力做最適分配並兼顧社會福利最大化的必要條件。當納入再生能源後，既有電力市場必須在時間粒度（小時到分秒鐘）與空間粒度（公里到公尺）做更細緻化的掌握，才能真正凸顯出各類電力的時間價值與空間價值特性。可競爭市場究竟有多大的意義？最著名的莫過於 2018 我國離岸風電費率，從政府公告的 1 度 5.8 元。4 個月後，藉由競標竟變成每度 2.5 元，更遑論近期第三階段區塊開發，曾傳出的零元競標。[7] 事實上，由於高昂的土地成本、電力資源的稀缺與未盡完善的制度，台灣要做到再生能源最大化，應是要比其他國家更需要引入可公平競爭的市場機制。

從碳鎖定走向淨零碳

綜合以上說明得知：由於人類的近代文明是建構在碳鎖定之上，

---

[7]　https://www.bnext.com.tw/article/58179/taiwan-offshore-wind-third-stage。

其所造成的種種外部性，使得全球必須積極進行脫碳。而基於技術成熟度與帶動整體效益，電業被視為必須優先減碳的部門，故有大量的再生能源，尤其是太陽光電與風電將被導入。為因應太陽光電與風電兩類波動性能源的大量併網，電力系統必須更具彈性，而除了有賴各類新技術外，一個可公平競爭且更細緻的電力市場必須被建置。唯透過市場與價格機制，才能化解各種能源間的衝突，與不當市場力或非市場力的介入，使其各安其位、各司其職，如此才能在最符合經濟效率與社會福祉最大化下，達成淨零排放與能源轉型之目的。

我國近期正積極投入各項淨零排放之政策與技術規劃，卻唯獨遺漏了相應的市場改革。這不僅使得電力部門引入各類再生能源時事倍功半，也會造成稀有資源的錯置、矛盾與浪費，甚而危及整體的能源安全。一個可競爭的市場並不會從天上掉下來，而是必須集眾人之力來細心經營與維護的。

資料來源

1. BNEF（2021），New Energy Outlook

2. Douglass Cecil North（2017），制度、制度變遷與經濟成就，聯經出版社

3. IEA（2019），China Power System Transformation

4. IEA（2020），Power systems in transition

5. IEA（2021），World Energy Outlook

6. IEA（2022），Power Transition Trends 2021

7. IPCC（2018），Global Warming of 1.5°C，SR15

NASA 獨鍾的微小型反應器與台灣未來的能源走向

◎ 葉宗洸　國立清華大學工程與系統科學系教授

近十多年間，世界各國對於低碳能源、能源自主與應用彈性的需求快速升高，不排碳且隸屬核能新概念的小型模組化反應器（Small Modular Reactor, SMR）及微型反應器（Micro Modular Reactor, MMR）因此在國際間受到重視。此類型反應器除了具備可模組化疊加串接使用的彈性，相對於傳統大型核反應器機組更佳的本質性安全度，也是其受到青睞的主要原因。

前言

睽違超過 50 年，美國國家航空暨太空總署（NASA）決定在 2025 年再度將太空人送上月球，這是繼 1969 年「阿波羅（Apollo）」11 號登月任務後，僅見的人員踏月計畫[1]；同時，NASA 也規劃在 2030 年之後數年內，於月球興建一座火星及外太陽系的探測前哨站。在這個名為「阿提米絲」（Artemis，阿提米絲是希臘神話中太陽神阿波羅的孿生姊姊）的太空計畫中[1]，NASA 另有一項令人矚目的創舉，即是將微小型模組化核反應器運送至月球，作為前哨站的電力供給來源[2]。

為能滿足月球前哨站內人員及設備的電力需求，能夠提供連續不間斷電力的發電設施成為首要考量。從科學的角度分析月球上發電的各種可能方式，首先必須排除的就是化石燃料發電，主因是月球表面並不存在如地球般的大氣層，在無氧氣助燃的條件下，火力發電完全不可行。

那麼，利用再生能源發電可行嗎？答案非常明顯，只有一種再生能源可資利用，那就是太陽能發電。不過，月球表面在其 28 天的自轉周期中有 14 天無日照，因此必須搭配超大容量的儲能設施進行供電，這對於往返於地、月之間且酬載有限的太空船而言，是一項艱鉅任務。另一作

法，可以不使用儲能設施，但必須將前哨站建置於月球兩極的位置，以取得恆常日照，但由於該位置的日照角度並非直射，因此發電效率勢必較低，若前哨站用電需求不變，意即光電板數量需求將因此大增，同樣增加太空運輸難度。

在火力發電與再生能源皆不可行的情況下，NASA 於是考慮一次燃料裝填可連續運轉長達 10 年的微小型模組化反應器（SMR 或 MMR），單一機組發電功率設定為 40 kW（瓩）。微小型模組化反應器可以先在地球完成主要設備組裝，由於單一機組的功率低，因此模組化後的體積與重量均可符合太空船酬載的限制。在月球表面的惡劣環境下，不須經過複雜耗時的整合工程，即可視電力需求串接供電。多方的利弊評估後，微小型反應器成為 NASA 眼中月球基地計畫的供電來源首選。

令人好奇的是，適用於月球環境的微小型反應器若在我們的生活中應用，相較於其他現行的發電方式，它到底具有哪些優勢？

微小型反應器如何界定？

微小型反應器中的 SMR 及 MMR 主要差別在哪裡？設計上會不一樣嗎？各自的適用場域又有何不同？不同核反應器最直接的分類方式是以發電功率為依據；設計上的差異主要是安全維護機制，發電的原理並無不同；而適用場域則是視實際電力需求而不同，小至高山氣象觀測站、工廠、住宅社區、科學工業園區，大至鄉鎮或縣市，都是可以善用微小型反應器的場域。

國際原子能總署（International Atomic Energy Agency, IAEA）將核反應器區分為三類 [3]，發電功率在 700 MW（百萬瓦）以上為傳統大型反

應器,發電功率 300 MW 以下為 SMR,發電功率不及 10 MW 為 MMR。除了 IAEA,美國能源部也同樣依發電功率對核反應器進行分類[4],且與 IAEA 略有不同,發電功率 300 ～ 1,000 MW 以上為一般傳統反應器,發電功率 20 ～ 300 MW 之間為 SMR,發電功率介於 1 MW 與 20 MW 之間則為 MMR。

　　不論採用何種分類標準,一般均認定發電功率小於 300 MW 即屬微小型反應器。雖然 SMR 與 MMR 具有較傳統商用核反應器小的共同特點,但仍屬核分裂反應器(Fisssion Reactor),分裂反應可透過能量較低的熱中子或能量較高的快中子達成,而爐心冷卻方式主要包括水冷、氣冷、鈉冷等三種。

　　SMR 與 MMR 的發電原理都是透過核分裂能量將一般水加熱成水蒸氣後,利用高壓蒸氣驅動汽輪機帶動發電機而產出電力。不過,此二類型反應器除了發電功率不同,另有其他設計與應用上的相異之處,為了便於區分,以下將分別說明。

小型反應器(SMR)發展現況

　　SMR 發展迄今已超過十年,初始的想法是將傳統機組等比例縮小,透過較低功率的設計,提高反應器的被動安全性(Passive Safety),並以模組化滿足不同的功率需求。由於過往的幾次重大核子事故,尤其是 1986 年的車諾比事故與 2011 年的福島事故,加深了民眾對於核能安全的疑慮,因此發展 SMR 的重點工作就是降低單一反應器的運轉功率,以期爐心冷卻功能即使在遭遇超出設計基準的情況而喪失時,可以經由物理性自然熱交換,避免爐心熔毀的意外發生。

全世界目前有多個國家正在發展 SMR[5]，包括美洲的美國、加拿大、阿根廷，歐洲的英國、法國、瑞典、捷克、俄羅斯，以及亞洲的日本、韓國、印度、中國大陸。其中又以俄羅斯的 KLT-40S 浮動式反應器腳步最快，其發電功率為 70 MW，可提供高機動性的電力；中國大陸也有自製的 SMR，屬於第四代高溫氣冷式反應器，發電功率為 210 MW 的 HTR-PM 一號機已在 2021 年 12 月商轉併網。

此外，興建中的 SMR 機組共有 4 部，分別是中國大陸的 ACP100（又稱玲瓏一號）及 TMSR-LF1，發電功率分別為 125 MW 及 10 MW，俄羅斯的 BREST-OD-300，發電功率為 300 MW，以及阿根廷的 CAREM，發電功率介於 27 ～ 30 MW 之間。另有已取得使用執照的 SMR，如韓國 KAERI 設計、發電功率為 100 MW 的 SMART；已取得設計許可執照的 SMR 則有美國 NuScale Power 設計、單一模組發電功率為 77 MW 的 NuScale，如圖 1 所示，圖中 1 座發電設施是由 5 部模組所構成 [6]。

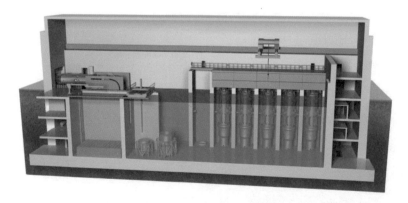

圖 1　NuScale Power 公司設計的 NuScale 小型模組化反應器發電站，是一座由 5 部相同模組構成總發電功率 300 MW 的發電設施 [6]

小型反應器的優勢

相較於傳統大型反應器機組，SMR 具有 8 大優勢，分別是建置成本低、環境衝擊小、方便偏鄉供電、可模組化疊加、施工耗時短、管制機關審查時間短、具備本質性安全度、民眾接受度較高。

1. 由於單一機組的物理體積小、材料用量少，且主要設備與輔助系統複雜性較低，安全維護系統較單純，因此每百萬瓦發電功率的建置成本較低，不須一次投入鉅資，有利融資取得。

2. 機組發電功率低，主要設備與輔助系統設施占地少，廠界範圍與環境衝擊因此較小。

3. 對於輸配線路不易抵達及維護的偏遠地區或離島，SMR 可提供穩定電力並彈性調整發電功率，滿足各地區不同程度的用電需求。

4. 不論是小範圍的科學園區、工業廠區，或是大範圍的縣市離島，SMR 可經由疊加串接的方式，滿足大小不同的區域性用電需求。

5. 單一機組的主要設備與輔助設施量體均較小，可於工廠先行組裝各系統的必要設備，進而縮短現地施工時間。

6. 由於單一機組全系統的複雜性低，管制機關對於主要系統與各輔助系統運作安全的審查時間可因此縮短。

7. 因為單一機組的發電功率不超過 300 MW，一旦發生主冷卻劑喪失或全黑事件，機組可藉由自然冷卻的設計，達到安全停機的狀態，不會出現爐心熔毀的事故。

8. 機組具有本質性安全的優點，可提升民眾對於機組安全運轉的信心，加上友善環境及維護空氣品質的不排碳特性，可因此獲得較多民眾的支持。

　　從已商轉 SMR 累積所得的經驗，足以證明其富彈性的模組化設計，相較於的大型傳統機組，確實更能滿足不同用電需求的各種場域，也更為民眾所接受。

微型反應器（MMR）發展現況

　　MMR 的發電功率較 SMR 低，通常只有數個 MW，明顯低於分類上限的 20 MW，加上其設計固有的可移動特性，應用方式因此與 SMR 略有不同。

　　1950 ～ 1970 年代美國軍方曾發展並運轉多款 MMR 機組 [7]，分別供電給懷俄明州高山防空雷達站、格陵蘭世紀基地營、南極基地，並以浮動式機組於巴拿馬運河區供電，當時發電功率介於 1 MW 與 10 MW 之間。根據 2018 年美國陸軍的一份報告分析了 MMR 具有的潛在優點與挑戰，報告中提及高機動性的 MMR 可以降低燃料供應的不穩定性及成本，是永續選項之一。美國軍方未來規劃則是以移動式 MMR 為主要選項，屬於高溫氣冷式反應器，可透過拖車或運輸機運送，若於美國境外運轉，可在 10 ～ 20 年後返國進行燃料裝填，鈾燃料中的鈾 −235 濃化度低於 20%。美國國防部的最新計畫是 2024 年於國家實驗室建置一部 MMR 原型機組，美國空軍則是預計於 2027 年在阿拉斯加空軍基地建置一部發電功率 5 MW 的 MMR。

　　全球目前並沒有商轉發電中的 MMR 機組，但有不少開發計畫正在進行中 [7]，主要是氣冷式與鉛冷式 MMR 為主，其中又以美國、英國、加拿大、瑞典等國最為積極。英國的高溫氣冷式 U-battery 預計發電功率為 4 MW，加拿大的高溫氣冷式 Starcore 預計發電功率為 10 ～ 20 MW，

瑞典的鉛冷式 Sealer 預計發電功率為 3 ～ 10 MW。美國先前累積了多年 MMR 相關經驗，因此有多項建置計畫同時在進行，其中包括發電功率 5 MW 的 MMR-5、3-13 MW 的 Holos Quad、1 ～ 5 MW 的 Xe-Mobile、15 ～ 20 MW 的 BANR，此四款都是高溫氣冷式反應器，另有熱管式功率介於 0.2 與 10 MW 之間的 eVinci、Aurora 、NuScale micro 等 3 款 MMR。MMR 的小功率設計使其相當適合以地面或空中載具進行運送，事實上，拖車式的 MMR 便符合此類型反應器的高機動性要求，如圖 2 所示 [4]。

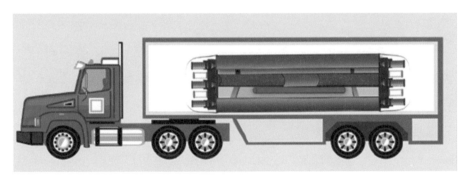

圖 2　拖車承載的微型模組化反應器 [4]

微型反應器的優勢

MMR 的發電功率相當低，機組設計更簡單，物理量體也更小，相較於前述的 SMR，具有更高的應用彈性，茲將其應用優勢分述如下：

1. 單一模組可於工廠進行一次性製造組裝，再以地面或空中載具運送至現地安裝使用。

2. 機組具高度機動性，可快速運送至用電現場，使用完畢亦可以快速移離現場。

3. 具備可靠且高度彈性的供電模式，可獨立供電，亦可與地區電網並聯使用。

4. 系統單純，運轉操作相對容易。

5. 發電功率低，燃料消耗速率低，可以長時間（10年以上）不須裝填新燃料。

6. 容易安裝且符合各種型態如小廠區、氣象站與雷達站的用電需求，礦區、離島或偏遠山區供電均適用。

7. 機組可與既有供電設施快速整合為電網的一部分。

8. 符合物理定律的本質性安全特性，利用空氣自然對流即可達到爐心冷卻效果，不會發生爐心熔毀意外。

MMR 的發展立基於美國軍方過往的實際經驗，加上應用場域的多元性，其普及速度預期將迅速超越 SMR。

電網強化與能源自主性

微小型反應器是核能產業擴充的新契機，不管是正在使用核電的國家，或是考慮使用核電的國家，除了滿足大型電網需求的傳統低碳核電機組，考量加強電網末端供電穩定性或是可迅速提供電網難以覆蓋區域電力時，微小型反應器將是有力解方。

在全球能源使用走向低碳化，同時又有自主性與穩定供電的需求，再生能源主力之二的風電與太陽光電無法同時滿足上述條件，可作為基載電力來源的充足水力與地熱資源僅有極少數國家擁有。因此，能源自產率嚴重不足的國家，為能降低對於化石燃料的依賴度，核能遂成了重要選項。有鑑於此，面對「2050淨零碳排」與俄烏戰爭導致天然氣短缺

的雙重壓力，歐盟議會在今年 7 月 6 日通過將核能列入綠色投資標的，等同將核能視為綠能選項之一，成員國得以毫無顧慮地將核電納入該國的電力結構中。微小型反應器建置成本低、工期短，入手相對容易，對於有電力迫切需求的國家而言，是非常適合的選擇。

一向反核的德國在經歷最近半年的天然氣短缺危機後，被迫重新思考既定的 2022 非核大限是否恰當。反觀我國，在核電機組陸續除役後，即使供電已呈現經常性吃緊狀態，並在 1 年內發生 3 次全台大停電，政府依舊打算死守「非核家園」政策，並執意將安全存量只有 7 ～ 14 天的天然氣，在 2025 年的供電占比由目前的 37% 提高至 50%，完全無視能源安全等同國家安全的基本守則。即便企業大聲疾呼，要求政府正視並解決供電穩定性不足的問題，無奈得到的皆是台灣不缺電的制式回應。

作為台灣電子業龍頭的台積電無法坐視政府的不作為，決定自建天然氣發電設施，以滿足自家生產線的用電及供電穩定要求。面對未來國際間對於進口產品課徵碳稅的趨勢，台積電其實可以有更好的選擇，那就是選擇在各地廠區內興建微小型模組化反應器，不僅可以讓電力自給自足，更可取得穩定的零碳電力，避免碳稅衝擊，使自家產品更具國際競爭力。

另一方面，我國近年經歷幾次大停電後，少數人將肇因歸咎於單一大型電網布建的後果，即一個節點故障便足以連帶影響全台供電，因此主張以區域性電網取代全台電網。面積不大的台灣是否有必要採行區域電網架構，是個見仁見智的問題，必須同時考量各電網相互支援能力，以及隨之增加營運成本。然而，為了維持區域供電的穩定性，微小型反應器的建置將具有正面助益。

未來我國若欲採用微小型模組化反應器，場址選擇的問題不大，

可利用既有核電廠址為之，其營運也可讓現有電廠的專業人員接手。人才培育亦可在既有基礎上，由國內各大學相關科系持續進行。唯一需要加強的是，管制機關原子能委員會必須加速充實自身對於微小型反應器的審查能力，不僅可配合國內未來可能新增微小型反應器的安全審查需求，也可同時因應核能動力船舶入境台灣時的邊境審查需求。

結語

　　核能發電再度於電力供給市場復甦，已是全球趨勢，微小型反應器所具備的本質性安全特性可消弭一般民眾對於核電機組安全性的疑慮，用以取代傳統大型機組將是可行的選項。我國必須務實面對自產能源不足的能源安全問題，更不可能自外於「2050 淨零碳排」的國際目標，微小型模組化反應器將是政府一舉數得的不二選擇。

資料來源

1. https://www.nasa.gov/specials/artemis/

2. https://indianexpress.com/article/technology/science/nasa-artemis-nuclear-power-plant-moon-concept-7984124/

3. https://www.iaea.org/newscenter/news/what-are-small-modular-reactors-smrs

4. https://www.energy.gov/sites/prod/files/2020/01/f70/011620%20Advanced%20Reactor%20Types%20Factsheet.pdf

5. https://en.wikipedia.org/wiki/Small_modular_reactor

6. https://www.energy.gov/ne/advanced-small-modular-reactors-smrs

7. https://www.world-nuclear.org/information-library/nuclear-fuel-cycle/nuclear-power-reactors/small-nuclear-power-reactors.aspx

圓桌論壇 ——
淨零排放與能源政策

◎ 時　間：2022 年 7 月 16 日（六）

◎ 主持人：馬英九（中華民國第 12 及 13 任總統、馬英九基金會董事長）

◎ 與談人：江宜樺（前行政院院長、長風基金會董事長）

　　　　　李　敏（國立清華大學工程與系統科學系特聘教授）

　　　　　林聖忠（中原大學榮譽教授）

　　　　　陳燦耀（國立清華大學工程與系統科學系教授）

　　　　　陳立誠（台灣能源部落格版主）

　　　　　黃士修（「以核養綠」公投發起人）

馬英九前總統：

感謝大家今天來參與這場研討會，我相信今天的研討會除了跟淨零碳排相關外，討論我國的能源政策也是非常關鍵的問題。

2011 年日本福島事件發生之後，德國、瑞士、比利時都決定要廢核，其中德國率先廢除部分機組，瑞士也隨後跟進，但現在瑞士已經改變他們的立場了、比利時跟瑞士都已經決定無限期延後這項政策，至於德國，到一、兩個禮拜前都還沒有決定。使用核能，已經成為非常重要的趨勢，在我們決定要節能減碳的同時，更要想有沒有哪個替代能源，可以真正地扮演這個角色。再生能源當然很好，但再生能源大部分都只是間歇性能源，它們完全沒辦法擔當重任。核能經歷了非常多的改變，世界趨勢也已經不同，美國讓國內 90 多個機組都可以延役；法國將能源占比當中的 70% 規劃為核能發電，還要新建 14 個機組，總共將達到 70 多個機組；中國大陸的改變也是非常巨大的，它預計在 2030 年前投資五千億美金，興建 150 個機組，屆時將超過 200 個機組，這是半年前我們都無法想像的情況。

在這樣的世界趨勢下，我們要怎麼應對、怎麼做，就是非常重要的課題，尤其是我們本身並沒有自主的能源，如果還是維持 50% 天然氣，挑戰將非常大。所以我們最後一場圓桌論壇，就請到 6 位專家，來探討不論減碳、能源，到底應該採取什麼樣的政策，讓我國的需求可以與世界的趨勢配合。

參加我們這場圓桌論壇的講者包括長風基金會的江宜樺院長，清華大學的李敏教授，中原大學的林聖忠教授，他原本是當過我們經濟部長的，還有清華大學工程與系統科學教授陳燦耀，再來就是在網路上很紅

的台灣能源部落格版主、我的高中同學陳立誠，再來就是以核養綠發起
人黃士修。好，那接下來我們就請宜樺開始吧。

江宜樺董事長：

馬總統、各位與談人、各位貴賓，大家午安！

非常榮幸擔任下午圓桌論壇的第一個發言人。今天歷經了上、下午兩個場次，總共 8 位主持人跟與談人的寶貴分享之後，個人覺得受益良多。就如同上一次的民間能源會議，這次的會議讓我又學到更多知識，尤其是這幾年來世界各國的能源政策發展，以及因應氣候變遷的新措施。我在深有收穫的同時也頗有感觸，雖然民間人士近年來不斷想要客觀地探討這個問題，並且提出一些我們認為值得思考的建議，但似乎並沒有辦法改變政府的想法跟作法。

我在接下來 15 分鐘的發言裡，想就三個重點來跟各位報告。

第一點，今天會議的第一個主題是氣候變遷以及淨零排放的問題。有許多人可能心裡仍然會有疑惑，覺得說氣候變遷到底是不是一個真實的議題？還是一個在科學上證據不足、或是在商業利益上別有用心的一種宣傳？我自己因為教書的關係，必須準備資料跟學生討論我們到底應該怎麼看待氣候變遷，所以多少也涉獵了一些這方面的文獻。個人到目前為止的觀察是認為：全球氣候變遷的影響，似乎是存在的，尤其在最近的 2、30 年來。因為根據許多科學家所觀察到的現象，以及各國媒體憂心忡忡提出的報導，我們看到全球因為溫室氣體的大量排放，的確造成大氣環境及生態的某些改變。它不是我們可以輕易認為只是一種文宣，或是某些利益集團故意要嚇我們的一個假象。雖然到目前為止，有一些重要的公共人物，包括美國前總統川普，都還是經常指責氣候變遷是騙人的，但是個人比較相信我們所看到的一些科學研究資料及觀察報導。我們就以今年所發生的現象來講，各位大概在最近這幾個禮拜都有

注意到，全世界很多地方正受到極端的乾旱及熱浪侵襲，比過去的夏天更加炎熱。在最近，不管是日本、韓國、中國大陸、英國、葡萄牙、希臘等，都出現了幾十年來所沒有見過的高溫，而這種現象對當地的生活影響其實是滿大的。如果往更大範圍看的話，我們知道北極圈覆蓋的冰層確實是在急速地縮小中，也有很多冰川確實是在消失中。我們所經歷的極端氣候似乎越來越多，已經到了不能輕易忽略的程度。

　　在這種情況下，科學家建議我們在減少碳排放以及溫室氣體方面要多下一些功夫，我基本上覺得是應該要重視的。這也是為什麼在早上的報告裡面，我特別提到 COP26，聯合國氣候大會提出了淨零排放這個目標，全世界那麼多國家響應，這是值得重視的。雖然我們知道，在 2050 年這一年，「淨零排放」目標未必能夠達到。就像過去的《京都議定書》，或是其他的一些很偉大的口號，最後都未必及時達成。因為人類往往提出一個 2、30 年，或甚至 50 年之後的目標，而真的到了那個時候，還不一定做得到，除非科技有很大的突破。但是這並不代表我們不該朝那個方向做。如果說氣候變遷的挑戰確實是使整個地球越來越熱，而且氣候越來越不穩定的話，那麼我們多多少少應該要聽科學家的建議，去做一些減碳以及減少溫室氣體排放的努力。這也是為什麼淨零排放對我來講，是一個必須嚴肅面對的問題。這個問題就如同幾位與談人所提到的，它不只是牽涉到未來短短幾年後，我們的出口產品會不會面臨來自歐盟的碳邊境調整機制的影響，也不只牽涉到我們自己國家在 2025 年之後，因為能源轉型而將會產生的缺電問題，它其實更牽涉到我們全民的健康及環境生態能否維持。因為越來越多火力發電對二氧化碳的排放，使得我們在呼吸系統方面的疾病跟死亡一直在增加中。我自己在中南部教書，每年冬天在嘉南平原上所看到的霧霾景象其實是非常可怕的。所

以我要強調的第一點，就是氣候變遷是必須嚴肅面對的問題。

第二點，就能源政策來講，我上午已經講過一遍，就是蔡總統在上任之後所提出的能源轉型政策，不用等到 2025 年，其實就已經證明失敗了。當我們在講「失敗」的時候，並不是抱着幸災樂禍的態度去講它。我只是非常沉痛地希望我們的當政者，要能夠認真面對妳所提出的一個重大政策的失敗，以及準備面對即將導致的後果，而不要再以各種方式狡辯，或推卸責任給別人。

各位都知道在所謂能源轉型政策之下，核電廠機組將逐一除役、不再延役，而再生能源跟天然氣的增加，沒有辦法達到政府原來所宣傳的目標，因此幾年後要不是缺電，要不就是燃煤發電火力全開，空污問題更加嚴重。早上我在跟王伯元先生聊天的時候，他說，江院長你還忘了提，我們的這個能源電力總需求還不是固定不變，在未來幾年隨著經濟成長，我們的電力需求將會變得更大，包括台積電擴廠所需要的電力。所以那個 20% 的再生能源，就不是現在預估的這個數目，而是要乘以一個更大電力需求的 20%。這點我完全同意，只是沒有時間去講。

很弔詭的是，這個必然跳票的能源轉型政策，當它到了 2025 年確定失敗的時候，始作俑者的蔡總統，剛好在 2024 年卸任了，所以她可以假裝這不是她的責任。她可能會說，在我任內並沒有發生缺電這種事，是我的繼任者不夠努力；她也可能乾脆躲起來，既不道歉也不解釋。如果我們的國家領導人，心裡所抱持的態度是這樣，我只能說，我們作為老百姓，是非常地倒楣也非常地痛心。我認為執政者不能只想著她任內事情沒有爆發就好，她必須為下一任政府及後代子孫，去做好該有的準備。然而蔡總統的能源轉型政策，顯然就是「製造一個無法收拾的爛攤子、丟給下一個政府去傷腦筋」的典型作法。我必須沉痛地呼籲，請蔡

總統不要這樣做，妳必須負起責任！

　　第三點，我要談一下公共政策制定上的問題。我自己不是一個核能專家，也不是一個電力專家，我的學科訓練是政治學。政治學的教育訓練，再加上從政的關係，我對公共政策的制定有一些想法。我認為公共政策的討論跟決定，一定要儘量尊重事實，然後根據科學的證據來做最好的理性判斷及決策，而不能被意識形態所綁架。然而我們國家的能源政策，很不幸的，就剛好是深深地被意識形態所綁架。各位大概都知道我所講的是什麼，因為在 20 年前或更早前，就因為有些人堅決反核，而提出了「非核家園」的主張。這個非核家園並不是慢慢地、穩健地邁向非核家園，而是要求在 2025 年就必須做到非核家園。然後，這些反核人士把「2025 非核家園」當成是一種至高無上的政治信仰，根據這個政治信仰，號召了非常強而有力的反核群眾運動。如果說，廢核與否只是一種公共政策的不同意見，我覺得也很正常，因為正反意見都可以提出、可以討論。但是如果反核立場激進到把對方當成是沒有資格對談的對象，喊出類似「我是人，我反核」的口號時，所有理性的討論空間就會立即消失，因為贊成使用核電的人不是人，而你跟「不是人的對象」有什麼好討論的呢？而且，當反核變成一種至高無上的價值時，它是不可能因為任何其他事情而妥協的。譬如說，即使缺電，我也不妥協；經濟衰退，我也不妥協；空氣汙染、呼吸疾病及肺癌死亡增加，我也不妥協。這個時候我就只能說，這種反核態度已經像是一種牢不可破的意識形態。

　　當公共政策被意識形態綁架的時後，會出現的結果就是，當事人會否認問題的存在，但是否認問題的存在並不會使問題不存在，而只是坐視解決問題的時間慢慢的流失。很不幸的，這就是我們目前能源政策所

陷入的一個情境，政府堅持 2025 年核電歸零，然而電力不足怎麼辦？卻不願意面對。由於逃避問題，因此出現許多荒謬的對應策略，包括：政府將所有警告將來會缺電的意見都說成是「假消息」；政府動用所有文宣資源及國家機器，去打壓不同意見的報導跟流傳；政府對每一次的停電、限電，都編出各種光怪陸離的理由（像是胖手指誤觸開關、小動物造成停電，但就是不承認這是缺電）；政府會調整我們的備用容量率與備轉容量率的定義，讓原本的橘燈現在都變成黃燈；政府不願意承認，當我們長期處於橘燈警戒的時候，其實就意味著缺電，因為缺電的意思不是說，我們今天所產生的總電力不足以因應今天的需要，缺電的意思是包括我們備轉的電力已經不夠應付所有緊急狀況；政府明明已經動用電力減壓的方式避免缺電，卻不承認發電廠及電器設備經常故障就是因為減壓造成；政府事實上已經透過「需量反應」措施控制廠商用電需求，卻不承認電力供給端的不足；政府明明主張廢核並將核燃料送走，卻在社會質疑為什麼廢核時，推說這是馬政府封存核四的結果；政府一方面刻意壓低經濟成長率預估值以免曝露出供電即將不足的窘境，卻又在電力不足時推說這是經濟成長超乎預期熱絡的結果。這種種厚顏無恥的狡辯，就是我指出的：如果以意識形態來治理國家、決定公共政策，就只能編排出各種奇怪的說法來否定問題的存在。然而最後的結果，就會像骨牌效應一樣，一個個藉口都擋不住無情真相的衝擊，終至全面瓦解。政府所謂的能源轉型政策，一路走到死巷之後，就會發現沒有辦法迴轉了。雖然如此，我還是抱着卑微的希望，看看政府在走到碰壁之前，有沒有可能檢討自己的錯誤決定。我的發言就到這裡，謝謝大家。

李敏教授：

　　兩位董事長、各位來賓大家好。大家都知道我的專業是核能，我是做核能安全分析的，所以我想開頭我們就講一下核能。我們為什麼要使用核能？核能對台灣而言有 3 大優點。

　　第一，核能使用的燃料體積小、運送儲存方便，所以一個核能電廠，一部機組裡面，通常換一次燃料可以用 18 個月，如果有一個備份的燃料擺在那裡，安全儲量可能是 3 年；天然氣的安全儲量，一個禮拜。大家可以知道核能發電對能源安全供應的影響。

　　第二，核能發電裡面，它的成本中，買燃料所占的比例大概只有5%、6%，所以當燃料價格波動的時候，對核能發電成本的影響不大，就不會發生最近的這個事情。所以哪一個發電成本在上漲？燃煤發電、燃氣發電，核能發電過去一年有沒有變？沒有變。燃煤漲多少？漲兩倍。燃煤發電漲兩倍，那天然氣又漲多少呢？奇怪了，天然氣漲得不是更多嗎？天然氣價格的上漲被誰吸收了？中油，因為政府不准中油漲價。所以台電的天然氣發電成本沒有漲很多。核能的發電成本受國際能源價格波動的影響比較小，或者說幾乎看不到，這是核能發電的一個優點。

　　第三，跟今天的主題有一點關係，核能不會排放二氧化碳。核能發電有沒有缺點？有，大家對它的安全有顧慮、核廢料不能處理、核能發電的技術有沒有可能被誤用去發展核子彈、原子彈？這些環保人士就利用大家恐懼的心理，把核能發電變成一個政治議題在炒作。所以大家知道，對很多環保人士來說，反核是他的終身志業，有些環保人士因為這條路走上了從政之路，變成政客，影響了國家的政策。那這樣的事情在世界上各個國家發展趨勢不一樣，德國反核，它隔壁是誰？法國。法國

支持核能，為什麼？就是因為國內的一些政治情況發展不一樣。這個就是核能最大的缺點，容易被政客操作。

當然隨著時空環境改變，大家對核能的重視都在變。最近發生了很多事情，剛剛前面馬總統在開始致詞時講過日本、韓國、中國、印度、法國都在改變，歐盟最近可能把核能視為綠能的一部分，這樣歐盟就可以貸款給那些國家來發展核能。IEA 之前也講說，核能將來一定會扮演一定的角色，在過去，我們這些贊成核能的人，通通提過。我還在等一件事情發生，雖然它不是最重要的，但是對民眾來講會有非常大的影響。各位知道，現在綠色和平組織在談氣候變遷的時候，它有一個口號，RE100，The Renewable Energy 100，它就認為所有東西都是renewable，我在等有一天這個口號變成 Carbon Free 100，就是核能可以扮演一個更重要角色的時候。

我跟宗洸最近都有接到一些 E-mail，都是一些尋找投資標的人的人，問我們說，請問 SMR 在台灣有市場嗎？那我個人認為是有的，但是絕對不是台灣電力公司再蓋核能電廠，那個不值得期待，不是台電能力不夠，是台電身上綁了太多的繩子。台灣核能如果要再起來是什麼？是民間。今天我點名幾個大公司，並不是說它有這個意願，而是說有這個可能性，台塑、中鋼、台積電，它能不能在它的廠址裡面蓋一台SMR 供電、供熱、汽電共生，還有提供氫氣只要法規的環境合適，政府不反對它就可以幹。這個政府絕對不會走在民眾需要的前面。這個政府絕對是被民眾提出來的要求推著往前走。如果我們能有一個 business model，能夠說服台塑、中鋼，如果政府同意，那公司就會蓋。所以我們要 organize，因為我覺得天底下賠錢的買賣，沒人幹，只有賺錢的事情有人做，你要核能再起，一定要有商業人士的介入，他能發展出來一套

可以賺錢的模式，就有機會。那有沒有這樣的機會？有。台灣有工程顧問公司來設計核能電廠的能力，雖然我們之前沒有實驗過，但小型模組應該是做得到。我們有核能電廠施工的能力，我們有非常好的設備供應商，我們有非常好的運轉跟維護的能力，當然將來能夠挖角台電的人。我們有這些能力，可以取得美國 small modular reactor 的供應商跟它去談合約，形成一個聯盟，開始跟台塑、中鋼講：「欸你要⋯⋯你要⋯⋯」，那它會說政府沒有同意。我們把東西攤在桌上，萬事俱備只欠東風。東風是什麼？有兩股東風，第一股東風已經吹過，電價上漲，所以我在等第二股東風，停電、缺電、限電。什麼時候會來？我的看法是如果有小動物或者有胖手指來幫忙，今年就會發生。明年沒有小動物、沒有胖手指，一切風調雨順，還是得限電。為什麼講得這麼肯定，2023 年 3 月核二廠二號機下台，它有沒有替代品？你去看它所有規劃，沒有，至少去年的電力供需報告還是沒有。我不曉得現場有沒有商業人士，我們是不是能夠組合一下？我們是不是能夠提出一個很具體的規劃，讓業者有利可圖，我們可以形成一個同盟，形成一個聯盟，然後說服台積電、說服中鋼、說服一個工業區來設 small modular reactor，然後做汽電共生之用。這是我的 issue，所以我們要達到零碳，光做電力這一塊夠不夠？不夠。你一定要想到工業界的需求，所以我就想到汽電共生。這是我的一個想法。謝謝各位。

林聖忠教授：

　　謝謝總統、江院長、幾位與談人，還有各位出席的貴賓，大家午安。本人今天很高興能夠出席這麼重要的研討會論壇，2 個基金會在這個時候舉辦第二次的高階能源論壇，我覺得相當重要，在時效上也是掌握得很好。因為我們國家還有全球，確實都面臨了相當沉重的問題。

　　透過早上跟下午 2 個場次的討論，大家對我們政府現狀以及台灣經濟所處的氣候政策和能源政策的妥當性、可行性之間存在的問題與衝突都有深入的瞭解。在這幾年中，新冠肺炎對全球經濟造成了損害。接著在今年初又發生俄烏戰爭，影響全球的能源供應並造成危機，以及一些後續的能源價格上漲和通貨膨脹、經濟萎縮等。因此對全球所有的國家政府造成執政的壓力。

　　氣候問題一直是這幾年來全人類共同面臨的問題。去年於蘇格蘭格拉斯哥舉辦的 COP26 會議之後，大家都一直提出對於在 2050 年達成淨零碳排的承諾，而我國同時也做出相同的承諾。在這種情況之下，大家所面臨的問題除了能源和氣候安全之外，還有經濟穩定問題，大部分的國家都面臨了這 3 大危機與困難。俄烏戰爭最大的影響，便是對歐洲國家的原油以及天然氣供應。因為進口自俄國的原油和天然氣占歐洲國家能源供應很大的比重。德國等西歐各國為此便考慮重啟煤炭發電，增加其他來源的天然氣進口，同時也提高核能發電的比例。而根據歐洲議會新通過的《歐盟永續分類標準》，天然氣和核能都列入了綠色能源。此項決議承認了天然氣在零碳能源轉型過程中扮演的橋樑以及過渡期的角色。

　　今天許多的討論都論及核能，本人過去在中油擔任過董事長，天然氣除了一直都是我們業務中最重要的項目，也是國家能源安全中最重要

的項目。在當前所設定的 2025 年能源配比中，天然氣的比重將占 50%，全球其他國家大概沒有如我國將天然氣配比設定的如此高。天然氣為一種化石能源，雖然比煤炭的排碳低，但仍然不可忽視。依據我個人之前負責過我國能源供應的主要角色的經驗中，仰賴天然氣除了會導致碳排不容易降低、氣候政策不容易達成外，我認為能源供應穩定與安全是更重要的議題。主要是因為我國本身並不生產天然氣，幾乎超過 98% 都是仰賴國外進口的液化天然氣（LNG）。處理液化天然氣需要在港口興建接收站以及氣化設施，並以管線分送到全國各地，滿足對各地民生以及產業對天然氣的需求。而我國目前愈來愈難尋求適當的地點建造天然氣接收站，早上的論壇中也提及除了目前的第三天然氣接收站之外，更有四、五、六、七接的建設規劃。而三接在目前已經引起了巨大的爭議，並勉強地繼續執行興建，但仍面臨嚴重的時程落後問題。

我國的天然氣管線輸送主要依靠嚴密的陸管以及海管，26 吋陸管的長度超過 2,000 公里，36 吋海管則有 500 公里。其中，海管在天然氣供給來源中相當重要，主要是從桃園的永安和苗栗的通霄，將天然氣運往北部的大潭發電廠。去年 3 月發生的停電，便是天然氣輸送中產生問題而導致全國大停電。台灣本身多天然災害、天然氣儲存不易和安全存量低，都是現存的問題。昨天有消息指出，中油將與外商公司在台塑天然氣廠合作擴充供應能力每年達 1,000 萬噸的天然氣儲槽，除了是相當大的工程，更顯現出我國對天然氣的依賴很重。目前，天然氣的儲存量不夠是最大的國安問題。檢視過去的種種紀錄，目前法定的「7 天安全存量」無法達成，且在天候不佳調度困難時更容易出現供應吃緊的狀況。即便在正常情況下，也需要約一、兩百艘的天然氣船進出港口供應所需。在調度中若是出了任何差錯，都可能造成天然氣供給不足的問題。

馬總統提到他很重視天然氣供應的問題，在任內進行過 2 次的能源之旅，分別是在民國 99 年 8 月以及 102 年 6 月，本人都有陪同，其中第一站便是視察中油的永安接收站。而 104 年 11 月的節能減碳之旅，馬總統以及毛院長來到了中油的中接收站進行視察。隨後國安會更把天然氣的供應列為漢光演習的推演項目之一。本人認為這種判斷完全正確，因為安全問題正是天然氣供應最重要的一環。天然氣對於高緯度的歐洲而言是最重要的能源，到了冬天大家都要依賴天然氣來保暖，而在歐洲進口的天然氣中便有超過 40% 來自俄羅斯。由於俄烏之間的戰爭，經波羅的海輸送天然氣至歐洲的北溪一號天然氣管路，減少了 60% 的供應量，許多國家包括芬蘭、波蘭、保加利亞、德國、義大利都受到了嚴重的影響。故歐盟開始討論關於天然氣減供的計畫，其中規定了嚴謹的配套措施以因應天然氣存量的減少，例如氣溫須達華氏 19 度以下始可開暖氣等，且必定將引起很大的爭議。

天然氣作為綠能畢竟只是一種過渡性質，而其綠能的時限僅至 2030 年為止，過了時限則將不再是綠能的一種。不再是綠能的天然氣則需要進行碳排放量減量（從每百萬瓩 350 公斤降至 270 公斤），更需要建造碳捕捉（CCS）的設備。英國由於俄烏戰爭的影響，已經開始增加北海油氣的供應，建造新的輸送管道從北海繼續採氣，並建造新電廠將天然氣轉換成綠氫，同時也有計畫興建比較完備的 CCS 裝置，以降低其排碳量。以上便是歐盟的綠能現狀。

在台灣，我們只想到將天然氣設施的比例提高，而沒有考慮到其他可能附帶產生的問題。例如天然氣所產生的二氧化碳排放，在未來氣候政策中的規劃將如何評估。此外，我想強調早上幾位報告人也有提到的部分，像是我國今年的天然氣供應無法按照進口成本調整，因而導致中

油在去年嚴重虧損 749 億元，而在今年的 1 到 6 月則虧損了 937 億元。若無適當的及時調整，到了今年年底，則更可能達到 1800 億的虧損，使虧損金額超過中油的資本額。如此便會造成政府對能源的繼續補貼，形成政府財務負擔，以及面臨來自國外的譴責。而 2025 年的能源配比中，天然氣若真要提高到 50%，後果將不堪設想。IEA 一直都認為核能在未來的能源供應中是關鍵性的角色，目前全球有 32 個國家採用核電，更有超過 50 座核電廠在興建當中。英國將天然氣與核能視為國家自有的能源，因此提出將於 2030 年前完成興建 8 座核電廠的計畫。此外，早上的論壇有提到南韓與日本也有新建或重啟核電廠的規劃。以此觀之，我國當前的能源政策是存在相當的問題，若仍不進行某種程度的矯正，除了我們所設定的能源與氣候目標無法達成，我國未來的經濟、國際形象、政府財政負擔等發展令人十分憂心。

　　以上報告，謝謝！

陳燦耀教授：

　　馬總統、江院長、各位朋友大家好，今天很榮幸有機會能跟大家分享我對能源相關的一些認識，並就我這幾年的觀察，讓大家瞭解一些迷思。現實上在台灣和全世界都有幾個迷思，而我們應該要把它們給釐清與解決。第一個迷思便是早上也有提到的問題：教授其實都很喜歡講話，大部分的教授都會霸著麥克風，但是我沒有，所以其實也沒有這樣的迷思。第二個迷思是：到底再生能源可不可行？或者是說再生能源會有怎麼樣的問題？第三個迷思便是全球氣候變遷是否真的發生了？是否會影響再生能源的發展？這是我在等一下的時間中要跟大家做的分享。

　　在簡報開始之前，我想給大家看一段小影片，喚醒大家的精神

　　影片分享：Two Monkeys Were Paid Unequally: Excerpt from Frans de Waal's TED Talk

　　這個短短一分多鐘的影片，告訴了我們一件事情：只要是有知覺的動物，對於選擇都會有所偏好，牠們看到好的東西都會想要爭取，看到不好的東西則會想要排除。回過頭來，我們再思考一個問題：能源和電力不也是一種商品嗎？它們不都是我們每天都在用的東西嗎？那麼為何我們在台灣使用電的時候沒有選擇？我們只能聽從政府告訴我們這個很好，所以你要買單。你想看看，當你在餐廳點餐的時候，價目表上有幾十個商品，你都會想得非常久。我看過一個最離譜的例子，是在小 7（7-11）點咖啡的同學，居然要想 3 分鐘。那又為何我們在用電的時候完全不會去思考我們要用什麼樣子的電呢？

　　環保人士最喜歡講的都是再生能源非常好，我現在跟大家分享一個資訊，你會看到一個有趣的事實。這是幾年前環保人士在網路上 po 的資

料，說比利時有一個「太陽能高速公路」。他們號稱可以在 3.6 公里發電量 330 萬瓩，超過核四發電廠。他們就說我們其實應該花少一點錢去蓋核能電廠，這樣子我們才能有更好的機會與未來的發展。但實際上，他們提到的核四廠發電量是每小時的發電量，而「太陽能高速公路」則是一整年的發電量。環保人士卻以為這一年的太陽能發電量，可以超越核四 1 年的發電量。這就是所謂的科學跟工程問題的認知和落差，沒有對事實清楚的認知，而聽從網路上的資訊，就相信我們認為好像是對的事情。因此，我很認真地算了一下，若真的要用太陽能發電取代一整座核四發電機組的發電量，所需要的太陽能面板數。太陽能發電的面板功率約為 160 瓦每平方公尺小時。就取代核四廠兩部機組發電功率來計算，要建造 32 平方公里面積的太陽能板，才足夠取代其瞬間功率，這面積大約等同於三分之一個新竹市，而造價則達 840 億台幣，考慮太陽能發電的容量因素每天僅有 14% 的時間可得到最大的額定發電功率下，要完全取代核四電廠發電機組的總發電，所需要的太陽能板面積會來到 7 倍（即 220 平方公里）之譜。即便是取代火力發電廠的一部發電機，也需要約 4.6 平方公里的太陽能版面積。

當我們今天去思考到底太陽能是否能夠當作台灣的基載能源時，必須要考慮一項很殘酷的事實：在一天之中，太陽能只有 14% 的時間會放電。有人會說我們可以提高太陽能的儲能，但我可以很殘忍地告訴大家，儲一度電的價格最便宜也要 60 塊美金。因此，假設台灣所有的再生能源想透過大量製造再生能源後儲能來穩定整個電網，會需要花費多少錢？這樣的金額將會遠超過台灣 GDP 所能負擔，我雖然沒有詳細的數字，但各位也可以自己算算看。台灣所需要的電力若用儲能技術儲存下來的話，一年要用 3 千億的電，10% 的電為儲能，那我們會需要在硬體

設備上花費多少錢？而這還不包含電網所需要的建設經費。這代表了有很多的魔鬼藏在細節裡，是大家從來沒有思考過的問題，而我只是做了簡單的數學計算，就看出這個問題。

我就不再重複論及台灣的再生能源狀況，而我可以很大膽的預估一件事情：若將核能發電全數廢除後，2025 年台灣的火力發電占比將會佔 90% ～ 92% 之間，而非 80%。這是可以預見的未來，也是全世界最高的數字。至於這個預言會不會成真，由目前的進展與環境變遷、工業技術判斷我相信機率是非常高的。

最後我想跟大家分享有關於風力發電的資訊。有人說：「台灣若不能發展太陽能，那風力發電總可以吧？我們不是花了非常多的錢在蓋風力發電機組嗎？」台灣從 2017 年至 2021 年的風力發電機組建設量其實是有增加的，從民國 100 年至民國 109 年，我們的風力發電裝置容量成長了 76%。其發電裝置容量成長率增加，但發電量成長率沒有顯著呈現正相關，或反而呈現負相關。如此的問題便回答了兩件事實：風力發電真的可行嗎？全球氣候變遷是否影響到了再生能源（風力發電）？答案是肯定的。從這幾年經過台灣附近的颱風可以發現，我國海域周圍的優良風場正逐年地在改變。我並非在否定十幾、二十年前的專業人士所做的數據而認為他們是錯的，我的意思是，全球暖化對全球海洋洋流、大氣層以及風場的變化，其實是逐年在改變的。例如說：台灣這幾年的氣候，從亞熱帶氣候開始變得像熱帶氣候，像是我們以前曾發生在冬天的午後雷陣雨便是赤道低區熱帶氣候的特徵之一。

我的分享就到這邊，謝謝！

陳立誠董事長：

　　由本次會議題目「淨零排放與能源政策／2022 民間能源會議」即知本次會議之重點在於檢討蔡政府 2050 年淨零排放的目標是否可以達成。由全天 6 場演講可知如果台灣仍然死守非核家園政策，2050 年淨零排放必將跳票。

　　但藍營能源政策討論集中於核能乃藍營之盲點。核能固然重要，但僅是能源的一環，不宜見樹不見林，忽略了台灣能源政策有根本性的大問題。2050 年淨零排放即為一嚴重迷思。

　　蔡政府堅持反核，2050 年淨零排放目標固然達不到。但即使恢復核能，此一目標就可以達成嗎？即使目前 3 座核電廠的 6 部機組全部延役並以之取代碳排最大的燃煤機組，每年可減碳約 3 千萬噸。問題是台灣每年碳排近 3 億噸，恢復核能可以減少約 10% 的碳排，其他 90% 碳排有可能在 2050 年歸零嗎？

　　2050 年淨零排放不只是台灣的迷思，也是全球的迷思。許多人將 2050 年淨零排放喊得震天價響，但如果問 2050 年淨零排放，2100 年全球溫升多少？很多人答不出來，多數人答案為攝氏 2 度，因為此為 2015 年巴黎協議的目標。是如此嗎？

　　聯合國政府間氣候變化專門委員（IPCC）在 2021 年出版的 AR6（第六次評估報告）中有一張重要圖片顯示二氧化碳在五種不同情境下由目前至 2100 年之碳排。情境 SP1-1.9 之碳排將於 2050 年歸零，這正是目前包括台灣及全球許多國家的減碳目標。在本情境下，2100 年全球溫升攝氏 1.4 度。

IPCC AR6 五種 SSP 碳排

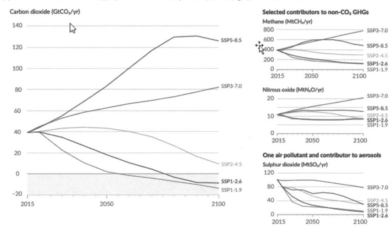

Future emissions cause future additional warming, with total warming dominated by past and future CO₂ emissions

(a) Future annual emissions of CO₂ (left) and of a subset of key non-CO₂ drivers (right), across five illustrative scenarios

　　情境 SP1-2.6 之碳排將於 2075 年歸零，在此情境下，2100 年之全球溫升為攝氏 1.8 度。情境 SP2-4.5 之碳排在本世紀不會歸零，在該情境下 2100 年之全球球溫升為攝氏 2.7 度。IPCC AR6 中該圖顯示之五種情境都沒有 2100 年溫升攝氏 2 度的情境。

　　但依計算，若碳排在今天達峯，並依線性降低至 2100 年歸零，2100 年之全球溫升約為攝氏 2 度。但這目標達得到嗎？

　　耶魯大學教授，2018 年諾貝爾經濟獎得主，有氣候經濟學之父之稱的諾爾豪斯（Nordhaus）教授在 2015 年 COP26 巴黎會議後曾發表評論。諾氏說以攝氏 2 度為 2100 年溫升目標不可能達成。試想若以 2100 年溫升 2 度為目標，碳排於 2100 年歸零都不可能達成，目前全球以 2050 年碳排歸零為目標豈非癡人說夢，天方夜譚？

其實應以溫升幾度作為減碳目標要依循成本效益分析（Cost Benefit Analysis）。當然溫升太高會造成經濟損失，但減碳措施也極為昂貴，平衡點何在？

諾氏在「一個平衡問題」（A Question of Balance）書中，以其榮獲諾貝爾獎之「氣候與能源整合電腦模型」進行成本效益分析所得之結論為：若以溫升 2 度為目標，對人類社會將造成 2 兆美元的損失。反之若以溫升 3 度為目標，對人類社會將創造 3 兆美元的福利。溫升 3 度之二氧化碳濃度約為 700ppm，為工業革命前 280ppm 之 2.5 倍，目前大氣中二氧化碳濃度約為 410ppm，人類實在沒有什麼好窮緊張的。

Nordhaus 建議以溫升 3°C 為目標

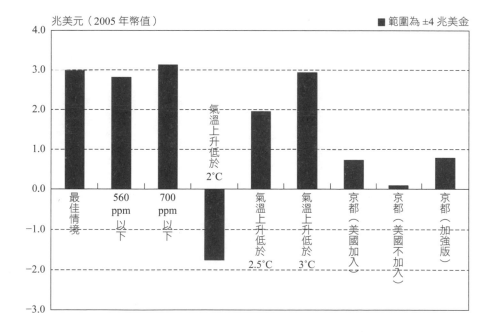

諾氏也指出若以溫升 1.5 度為減碳目標，對人類社會將造成 15 兆美元的巨大損失，是極為嚴重的災難。諾氏警告依美國副總統高爾及英國經濟學家史登建議之減碳，對人類社會將造成更嚴重的衝擊。

但依極端暖化威脅論，溫升超過 2 度，人類文明即將崩潰嗎。真的嗎？下圖橫座標為 2100 年之溫升，縱座標為對 2100 年全球經濟造成的影響。圖中圓圈為聯合國報告中不同電腦模型模擬的結果，圖中曲線為諾氏之最佳估計。依諾氏之估計，溫升攝氏 4 度（華氏 7.2 度）對全球經濟將造成 2.9% 的影響，人類文明並不會毀滅。

Nordhaus 估計不同溫升對經濟的影響

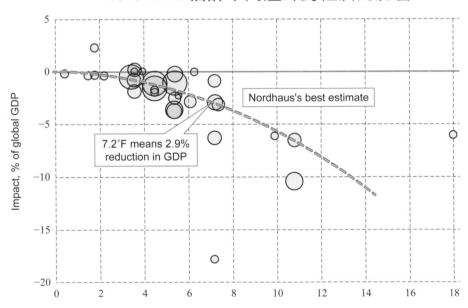

為何世界上大多數人被極端暖化威脅論所洗腦？

以下八個問題，一般人認為這八個問題都已定案，答案都是肯定。

完全不是如此。任何以為八個答案都是肯定的人都已遭到嚴重洗腦。只有開頭三個問題學術界有共識，之後的五個問題學術界並無共識。

　　學術界有共識之問題：

1. 過去百年全球溫度是否上升？
2. 過去百年大氣中二氧化碳濃度是否增加？
3. 大氣中二氧化碳濃度增加是否因人類碳排所造成？

　　學術界無共識之問題：

1. 全球暖化是否完全因為大氣中二氧化碳濃度增加所造成？
2. 暖化已造成全球氣候變遷？
3. 電腦模擬未來全球溫升可靠嗎？
4. 全球暖化對人類經濟會造成嚴重影響嗎？
5. 全球暖化對人類社會會造成嚴重衝擊嗎？

　　要充實全球暖化的正確知識，茲以下介紹兩本提供不同思考方向的書籍：

　　第一本《暖化尚未定論》，作者康寧是位著名科學家，曾任加州理工學院副校長及歐巴馬政府的能源部科學副部長，此書由科學角度討論暖化如何遭到誤導。

　　第二本《扭曲的氣候危機》較重經濟分析，引用諾德豪斯教授之氣候與能源動態整合電腦模型，得出溫升 3.5 度方為人類應設定之溫升目標。

　　台灣社會不分藍綠，已遭極端暖化威脅論之嚴重洗腦，蔡政府甚至要將 2050 淨零排放納入氣候變遷因應法，完全不知將對台灣造多麼嚴重的影響。期盼有更多國人對暖化有正確知識，凝聚力量，或可力挽狂瀾。

黃士修先生：

剛才民進黨發言人批評早上馬總統的發言，我簡單發表五點：

第一個，公投期間民進黨說什麼？他說這是國民黨留給大家的爛攤子，通通都是馬英九的錯。公投期間各家民調核四的支持度都是過半的，是你民進黨把公投脫鉤大選，花了幾億元，不同意票也沒過門檻，有出來投的藍綠基本盤搞成五五波，就見笑啦（台語）。

第二個，蔡英文完全執政 6 年，原來還是馬英九當總統，馬英九交給你們封存良好的核四廠，安全，現在也還是封存良好。喔！我們要改叫它龍門綠能發電廠了。

第三個，歐盟把核能列為綠能，關鍵因素就是核廢料無危害。欸？上一場是不是有民進黨立委的顧問發言，他說核廢料好可怕，沒有辦法處理沒地方放，然後他又擔心說，危險反應爐趴趴走、這個用過核燃料可能被偷走；一輩子不影響生活環境，大家又搶著要，甚至還要偷的資源，真的好可怕。

第四個，Google 早已達成 Renewable 100，那現在 Google 和聯合國合作推動 24/7 carbon-free energy，那在淨零轉型的趨勢下（這段是照抄民進黨的），包含核能的，（我只加這 5 個字），綠能已經變成加入國際供應鏈的必要條件，企業需求早就從用電無虞轉變成用綠電無虞。可惜，這裡我要改一下，原本是說國民黨，我改成民進黨卻看不見這個趨勢，最後一點。

第五個，歐美日韓先進國家核能復興，台灣卻被廢核舔共仔綁架，反核摧毀台灣國防，多年來都有專家示警，連美國都罕見公開警告，廢核賣臺舔共仔還不讀書。

　　今年是 2022 年，是我踏入核能議題的第 9 年，這段時間，我們歷經政黨輪替、2 次公投。從反核到擁核，社會氛圍已經逆轉，但公投制度已死。我想對這一段牽涉許多人的人生，做個回顧和展望。每次演講我都要澄清，我真的不是讀清大核工，我是讀數學和物理的。當年我在倫敦帝國理工研究黑洞的量子重力。後來因為身體問題，緊急返台就醫，在病床上躺了一年。後來逐漸康復就出社會工作，沒有把學位讀完是有一點可惜。不過，在我休養期間，看到台灣反核運動興起，那是 2012 年的事情，第三年創辦核能流言終結者，那些數學和物理的訓練，在思考方式上帶給我很大幫助。至今我仍然一直在思考，什麼是資訊的熵（entropy）？那是力學的概念，各位不要緊張，我沒有要談資訊理論的數學，我當過老師，知道講數學很容易讓人睡著。物理學家史蒂芬・霍金（Stephen William Hawking）曾經被劍橋大學出版社退稿，編輯對他說，「每多一個數學公式，就會讓銷售量減少一半。」生物學家理查・道金斯（Richard Dawkins）則提出迷因（meme）的概念，這是一種類比生物演化的文化現象。人類透過模仿傳播思想，迷因有其宿主、壽命，進行複製而繁殖。聽起來跟我們在選舉之中，觀察到的許多行為很像。

　　上週末，我受邀到國民黨革實院講一堂課，主辦單位安排的題目是「台灣的電力危機與解方」。我一上台就問，台灣的電力危機是什麼？學員回答：缺電。我又問，解方是什麼？學員回答：重啟核電。我說，我不需要技術性的答案，核電廠一直在那裡，請問你們要怎麼重啟？學員好像有點愣住。拜託，各位是政黨的幹部或準幹部，解方只有一個：重返執政！對我個人而言，則是政黨再次輪替。後來的演講，我並沒有講太多能源科普。這幾年我的所有演講，也都不是講電力與能源，而是講公民參與。我喜歡從經濟學的供給和需求切入，談機會成本和邊

際效益，配合案例的敘事，教大家如何去思考議題，建立自己的論述。畢竟，我的工作跟核能並沒有關係，作為一個職業顧問，策略分析才是我的本行。公共倡議則是我的興趣和個人社會責任（PSR —— Personal Social Responsibility）。在座有許多國民黨的朋友，我也要提問，請問國民黨的淨零策略是什麼？想要核能，到底要怎麼推動？地方政治人物有無溝通與共識？這是我留給國民黨朋友的問題，容我提醒，核能確定被納入歐盟綠色投資分類。嚴格來說，此次被列入的還有「部分化石燃料氣體」，國內媒體報導常以「核能和天然氣」並列綠色投資概括，容易引起誤會。因為其條款對化石燃料氣體的限制非常嚴苛，目前99%的天然氣，包括台灣的天然氣是不合格的，所以天然氣是明確被視為必須淘汰的過渡能源。反觀核能活動的相關文字與條件相當正面、寬鬆，大多數核電廠都可以納入永續活動。包括台灣的核一、二、三廠，甚至包括台灣的核四廠，甚至包括老師提到的小型核反應爐，這都是在歐盟規範的綠色投資項目裡面，剛在發言的時候提到說美國有警告這件事情。

前陣子國民黨主席朱立倫訪美，美國智庫更明言「台灣執政黨並未如其他國家將核能視為綠能是個問題」，無論是既有的核一、二、三廠，還是未啟用的核四廠，都是純正美國貨，也難怪美國方面頻頻表態，三不五時出來，力道越來越重。所以核能是綠能，這個很重要，科學、民主、國際都站在核能這一邊，唯獨政客和利益集團站在環境的對面，成為人類之敵。在核四公投期間，科學方拿出大量證據，證明核四廠是安全的。當然，有些人宣稱他是反核四不反核。那太好了，因為我的公投主文重啟核四，並沒有限制機組或廠區。我們認為已完工的兩部機組沒問題，而且承諾邀請國際專家重新安檢。如果還有疑慮，沒關係，因應小型核反應爐的國際趨勢，我們大可以啟用核四廠區，用最新的技術、

最嚴格的標準、最透明的監督，蓋全新的機組。抓到你的狐狸尾巴了，退縮回基本教義派，反核就是反智、反科學、反人類。

前幾天我發現一件事，給各位猜一猜，全國投放最多臉書廣告的是誰？答案是「Greenpeace 綠色和平」（台灣網站）。根據 Facebook 廣告檔案庫報告，綠色和平投放超過新台幣 2 千萬元的廣告。這還只是臉書平台，不含媒體和實體的宣傳。去年公投期間，民進黨花費大筆資源的宣傳戰，主要由綠色和平負責。這是一個每年收台灣人 3 億元善款的組織，有著以募款業績為升遷指標的直銷制度，以人滾人、以錢滾錢。其中一場辯論，我揭露台灣的綠色和平是拿北京資金成立，自由時報也踢爆過，綠色和平把台灣列為中華人民共和國的一省，招募員工時還詢問統獨立場。我對著綠色和平的專案經理古偉牧先生喊話：「請你搞清楚，兩岸現況是分治，你一個中共香港人，有什麼資格干涉中華民國的內政！」相較之下，我花了兩百多萬元，就打成五五波，真是奇蹟。沒錢有沒錢的打法，我人生中的每一場戰役都是絕境、逆風，我永遠都在跟政黨、財團、利益團體等巨獸作戰。正因為知道資源極其有限，又是來自民眾的小額捐款，我的責任便是把一分資源發揮到千百倍的效益。

一直以來，我都是義務進行公共倡議，從未由協會支薪，甚至還自掏腰包幾十萬元下廣告。我覺得對不起我爸媽，我非常感謝我的職場夥伴，這幾年在我忙得分身乏術時，能夠讓我沒有後顧之憂，分出一半時間和收入，投入公投活動。然而，無論在商業上或政治上，資源就是最殘酷的現實。自由行星同盟元帥楊威利曾說，「以少勝多是異常的事情，他之所以顯眼，和瘋子在正常人之中會比較顯眼的理由是一樣的。」在正常的條件之下，業餘人士不可能打得贏職業人士。對手的金錢比你多、時間比你多、組織比你多，你憑什麼贏過人家？即使是天才，也只能在

局部的時間和空間取得優勢，這是我的人生經驗。我沒有說我是天才，我是在教你們超越天才的方法，這是一場沒有硝煙的總體戰。我們今天談很多能源的永續發展，我要問，台灣有倡議的永續發展嗎？黃士修只有一個人，台灣會有第二個黃士修嗎？「戰爭並非光靠數量的想法，不過是湊不齊數量的人所做的自我正當化辯解罷了。」

我始終相信楊威利說的話。近年我接觸政治和媒體的事務，台灣真正面臨的能源危機是什麼？或者，民主危機是什麼？從資訊的觀點來看，是沒有新的人討論新的思想，舊有的群體終究會滅絕。我不知道各位是怎麼看我，但我看我自己是覺得有點膩，「好油喔 PEKO」。2015年，我在一次專訪中說：「如果有一天這個社會不再需要核能流言終結者，核終就會欣然退場，因為它的精神已經留在每個人的心中。」其實身為創辦人，我才是這個世界上，最不希望核能流言終結者存在的人。無奈的是，似乎我還沒辦法金盆洗手，退隱江湖。好吧，麻煩的工作總得有人來做，那麼我希望有更多一點人行動起來。公投是這樣，選舉是這樣，民主就是這樣。為了每個人選擇的自由，請跟我一起每天努力 hack 國家。

聽眾提問與意見分享

聽眾一：萬能科大兼任教授張炳坤

● 很高興今天聽了完整的能源政策。士修兄所提的最接地氣，我來覆議他說的，實踐是檢驗真理的唯一標準。馬總統在位的時候油電雙漲，對手喊出了我是人我反核，一路攻擊。但現在我們從俄烏戰爭等地緣政治，就看到了整個大環境的改變。

聽眾二：民進黨顧問楊木火

● 江宜樺院長說的一句話很重要，根據科學做判斷，事實上我長期針對核電的瞭解也是根據科學。如果核一、二、三要延役，那我建議要考慮到幾點。首先，日本在 2013 年 7 月，日本原子力規制委員會（NRA）通過實用發電管理基準，我比較的結果，根據此基準，台灣的四個核電廠都不合格。用台灣標準的話，日本福島核災後馬總統要求台電對我國四個核電廠做地震危害重新評估，落實台灣地區核能設施地震危害評估計畫，但核四部分被監察院提出多有不合格之處。

● 黃士修先生：楊顧問我插一下話，你提的這些問題在去年的公投辯論會上我都已經一一發問過了。

● 楊火木顧問：新的地震值達到 1.098 到 2.27，在監察院的報告裡也有提到核四的地震反應在各週期都有不足之處。

● 黃士修先生：關於楊顧問的問題，大家可以上 YouTube，搜尋中天楊木火，在 2021 年 10 月 19 日中天所舉辦的公投大辯論民意大平台，核四重啟案的正反雙方，正方是我和葉宗洸老師，當天辯論電視直播辯論當中已經拿出科學資料做回應。

　　日本新公布的核安管制規範下台灣不符合，這是一個徹底的謊言。日本過去從不根據國際規範來做檢驗，近年才修正，相反，台灣始終都有遵循國際規範。

聽眾三：

● 各位與談人大家好，我上個禮拜剛從紐約回來，我是目前唯一在紐約華爾街做到執行長的台灣人，我這次來就是要提供一些意見跟看法。

　　這 27 年來我協助過馬斯克、特斯拉等企業進行淨零碳排的工作，這 7、80 年台灣在能源政策相關的菁英以及專業人士很多，能源政策由執政者或智庫解決也很容易，但我覺得現在比較困難的是在淨零碳排的問題。因為淨零碳排是近 20 年才出來的，各企業也都希望可以藉此獲得商機的突破口，也取得最大的利益和優勢，就像李敏教授講的，我們可不可以創造一個新的商業模式，是不是可以跳脫舊思維？我建議應該好好從淨零碳排這個議題去培養人才，在台灣形成智庫或共識，為台灣留下好的淨零碳排基礎。

聽眾四：

● 各位先進好，我姓顏我從桃園過來的，我是退休人士。我有個建議是日本每年都有出短篇報告，大概 1、20 頁說明為什麼日本非需要核能不可，這很重要，但都沒看到任何學者拿出來參考，蠻可惜的。再來是有學者在質疑為什麼我們的能源政策會搞到這個地步？雖然我沒有機會問蔡總統，假設 2008 年不是馬總統上任，而是謝長廷先生的話，他還會不會反核？但我覺得各位先進如果想清楚這一點，就會明白民進黨反核四的癥結點是什麼。

聽眾五：國鼎科技基金會董事長王伯元

● 我從業者的方向來談這個問題。2025 年到底台灣需要多少電？現在是 6% 的綠能，那到了 2025 年餅會大很多。以台積電為例，陸續在蓋廠，加上聯電、南亞等大廠加起來的用量，不知道要花掉多少電。除此之外，我們的通訊從 4G 到 5G，這需要多少電？還有電動車，未來也會變成主流，長風基金會 2 個禮拜前才舉辦電動車演講，電動車又要花多少電？再加上外商們在台灣設了很多 data center，用台灣的便宜電，這些加起來就會是很大的用電量，是不是需要請專家看一下到底 2025 年我們台灣需要多少電？把這 4 個加起來就是好多好多的電！我們 2025 年規劃的電到底夠不夠？

● 梁啟源教授：電力是絕對不夠了，我們的再生能源未來 4 年要增加超過 14%，怎麼可能？我們的燃氣過去 4 年也只增加了 3%，未來能增加多少？況且，用電量還在成長。台灣缺不缺電？當然缺電。但這不是最嚴重的，最嚴重的是，我們的政府從不承認這問題。

● 李敏教授：明明他自己寫的報告就是缺電，我國的政府就是不承認。電力需求對國家而言是長遠的大計，依據電業法，每年要出版一本電力供需報告，不僅前年沒出，去年好不容易出的數字也湊不起來。我在報紙上寫了好多文章都沒人理我。

我不願意唱衰台灣，但台灣的電力系統已然進入泥沼。我們的電力規劃要怎麼樣才能脫離這個泥沼？ SMR 是比較長遠的，或許幾年後可以看到效果，而比較快速的是核一、二、三延役，核四商轉。

有人問我，李老師你是不是被蔡英文摸頭了，要用以核養綠來給她台階下？我說，如果她願意下來，那我的目的就達成了！

- 陳燦耀教授：這個問題我相信政府有些手段正在進行中。我家在今年收到 3 次停電檢修通知，原因都是電線老舊。我家的線路有老舊到一年換 3 次嗎？意思就是他們會用一些方式去找地方停電，讓電夠用。

聽眾六：全球創能科技執行長黃先生

- 大家好，我的工作是代理瑞典進口的廢棄物再生能源。瑞典過去曾說要廢核，但到現在為止還是有 4 成的核能發電，這過程跟台灣有點像。今早有聽到 2030 年是個轉折點，對台灣的電力發展很重要，因為我們已經輸在起跑點，所以我們更應該把握轉折點。2014 年 8 月多時，馬總統為了要讓下一代有選擇權，先把核四封存，想請問馬總統以及江院長是怎麼看現在的情況？

- 馬英九前總統回答：

  2014 年決定核四封存，是我和江院長一起做成的決定。

  那時有許多不同意見，無法達成共識，我們也不希望草草地做出決定。雖然目前國內對核能這個議題的看法仍有分歧，但從國際視角的觀察，似乎越來越明顯，包括美國、歐洲、亞洲，對於核能的期待都越來越高，中華民國也已經走到了一個十字路口，或許我們可以抓住這個時機，幫我國的能源政策、未來的前途找到一個方向。確認各方在這個議題看法越來越接近的時機，找到真正對國家、對人民未來好的方式。

  我們今天辦研討會並不是在推銷哪一個看法，而是希望透過真誠、理性的討論，讓大家對前途有個方向。希望大家離開這個房間後都可以繼續思考。

  研討會結束。

淨零排放：能源政策的創新與挑戰

2022年10月初版　　　　　　　　　　　　　　定價：新臺幣480元
有著作權·翻印必究
Printed in Taiwan.

編　　　者	馬英九基金會	
	長風基金會	
叢書編輯	連玉佳	
校　　對	吳欣怡	
內文排版	李信慧	
封面設計	兒日	

作者：
毛治國、江宜樺、吳珮瑛、杜紫軍、馬英九、陳中舜、
梁啟源、童慶斌、塗千慧、葉宗洸、魏國彥

出　　版　　者　聯經出版事業股份有限公司
地　　　　　址　新北市汐止區大同路一段369號1樓
叢書編輯電話　(02)86925588轉5315
台北聯經書房　台北市新生南路三段94號
電　　　　　話　(02)23620308
台中辦事處　(04)22312023
台中電子信箱　e-mail：linking2@ms42.hinet.net
郵政劃撥帳戶第0100559-3號
郵撥電話　(02)23620308
印　　刷　　者　文聯彩色製版印刷有限公司
總　　經　　銷　聯合發行股份有限公司
發　　行　　所　新北市新店區寶橋路235巷6弄6號2樓
電　　　　　話　(02)29178022

副總編輯　陳逸華
總　編　輯　涂豐恩
總　經　理　陳芝宇
社　　長　羅國俊
發　行　人　林載爵

行政院新聞局出版事業登記證局版臺業字第0130號

本書如有缺頁，破損，倒裝請寄回台北聯經書房更換。　　ISBN　978-957-08-6539-4 (平裝)
聯經網址：www.linkingbooks.com.tw
電子信箱：linking@udngroup.com

國家圖書館出版品預行編目資料

淨零排放：能源政策的創新與挑戰/馬英九基金會、長風基金會著．
初版．新北市．聯經．2022年10月．176面．17×23公分
ISBN　978-957-08-6539-4（平裝）

1.CST：能源政策　2.CST：再生能源　3.CST：環境保護

554.68　　　　　　　　　　　　　　　　　　　111014810